| 리처드 로티 강의록 |

철학은 詩가 될 수 있을까

Philosophy as Poetry by Richard Rorty

Introduction by Michael Bérubé

© 2016 by the Rector and Visitors of the University of Virginia
All rights reserved.

Korean edition © 2023 by CIR, Inc.
Published by arrangement with University of Virginia Press
Through Bestun Korea Agency
All rights reserved.

| 리처드 로티 강의록 |

철학은 詩가 될 수 있을까

PHILOSOPHY
AS POETRY

리처드 로티 지음
박병기·김은미 옮김

씨아이알

일러두기

1. 이 책은 『Philosophy as Poetry』(Richard Rorty, University of Virginia Press, 2016)의 우리말 번역이다.
2. 외래어는 외래어표기법을 따랐으나 관용적인 표기와 동떨어진 경우 절충하여 실용적 표기를 하였다.
3. 본문에서 진한 글씨로 표기된 부분은 옮긴이에 의한 강조이다.
4. 본문의 주석은 모두 옮긴이에 의해 표기된 것이다.

차 례

리처드 로티는 영미철학자로서 언어철학에 기반을 두고 학업을 시작했다. 이후에 언어철학의 한계를 절감하고 제임스와 듀이의 실용주의 및 대륙철학(하이데거, 니체 등)을 두루 공부한다. 이와 같은 폭넓은 연구의 과정을 통해 로티는 '진리는 언어적 화용에 기반을 두고 있다'는 생각을 굳히게 되고, 현상과 실재를 가르는 구분을 제거하는 것이 철학이 가지는 한계를 극복하는 길이 될 것이라고 보았다. **현실에 즉해서 발견되는 것이 진리이기에 형이상학적 전제를 내세우는 것이 철학의 방법이 되어서는 안 된다는** 입장을 가지게 된다. 이 강연집은 이와 같은 로티의 생각이 간결하면서도 분명하게 드러나는 마지막 저작이며, 대학에서의 강연을 원고로 옮긴 것이기에 문체가 비교적 평이하고 이해하기 쉬운 용어들로 기술되었다.

로티는 **'진리'**가 철학자의 전유물이 아니라 현실을 살아가는 모든 이들의 삶에서 언어적 변주를 통해서 생성되는 것이라고 본다. 이와 같은 생각을 확장해보면 한 개인은 자신의 삶에서 언어를 통해서 사유하면서 이 언어로 개인적 삶의 이야기를 표현한다. 이와 같은 과정에서 개인은 자신만의 사적 언어를 창조하게 되는데 로티는 이러한 개인의 이야기가 바로 '시로서의 철학'이라고 주장한다. 즉, 철학이 전문가들의 영역이라는 생각에 반론을 제기하는 것이다. 이러한 관점에서 본다면 삶의 이야기를 아름답게 가꿔가는 사람은 모두 시인이자 철학자라고 할 수 있을 것이다.

– 옮긴이

"낭만주의적 상상력은 언어의 원천이며 자유의 원천이기도 하다."

"합리성은 언어 게임 안에서 허용된 활동을 가능하게 하고, 상상력은 이성이
놀이할 수 있도록 게임을 창조한다."

1

현상과 실재 사이의
구분 없애기

우리는 사물이 보여주는 색과 진짜 색, 천체의 외적 움직임과 진짜 움직임, 가짜 커피 크림과 진짜 크림, 가짜 롤렉스 시계와 진짜 시계를 상식적 차원에서 구분하곤 한다. 그러나 철학을 좀 아는 사람들은 진짜 롤렉스 시계가 진짜로 진짜냐고 묻는다. 철학자들만이 대문자 실재Reality와 대문자 현상Appearance을 구분한 플라톤의 관점을 진지하게 받아들인다. 이런 구분은 그 유용성에 비해 오래 지속되고 있기 때문에, 우리는 **이 구분을 없애기 위해 최선을 다할 필요가 있다.**

만일 우리가 이 구분을 없앨 수 있다면 인간의 마음이나 언어가 실재를 정확하게 표상할 수 있는가에 대해 더 이상 궁금해 할 필요가 없다. 우리는 우리 문화의 어떤 부분이 다른 부분보다 실재와 더 잘 부합하는가에 대해 생각하지 않아도 된다. 우리가 스스로의 유한성이 지닌 의미를 말할 때 인간성을 다른 어떤 비인간적인 것과 비

철학은 시가 될 수 있을까

교하지 않고, 언젠가 우리 후손들이 채택할지 모를 더 나은 존재 방식과 비교할 수 있을 것이다. 우리가 선조들에게 겸손한 자세를 갖춘다면, 그들이 우리보다 실재와 덜 부합했다고 말하기보다는 상상력에서 더 제한적이었다고 말해야 할 것이다. 그러면서 우리가 조상들보다는 더 많은 사물에 대해 말할 수 있게 되었다고 자부할 수 있을 것이다.

파르메니데스parmenides는 대문자 실재 개념을 생각해 냄으로써 서양철학을 활성화시켰다. 그는 나무와 별, 인간, 여러 신들을 하나로 묶어서 소위 '존재Being' 혹은 '일자the One'라 불리는 둥근 원 안에 넣는다. 유한한 존재들은 이 원을 영원히 알 수 없지만, 그럼에도 그는 이 원이 알 만한 가치가 있는 유일한 것이라고 선언한다. 플라톤platon은 제우스신보다 위엄 있으며 범접할 수 없는 어떤 개념에 매료되었지만, 파르메니데스보다는 낙관적이었다. 플라톤은 소수의 역량 있는 유한한 존재들이 의견을 지식으로 바꾸면 자신이 말하는 '진짜 실재'에 접근할지도 모른다고 제안한다. 그 이후로도 우리가 실재에 접근할 수 있을지, 또 우리의 인식 능력들이 지닌 유한성이 그런 접근을 불가능하게 하는 것은 아닌지를 우려하는 사람들이 계속해서 등장했다.

하지만 우리 중 아무도 나무나 별, 크림, 손목시계에 인식적으로 접근할 수 있는가에 관해서는 걱정하지 않는다. 우리는 그러한 사물들에 관한 정당한 믿음과 정당하지 않은 믿음을 구별하는 방법을 안다. 만일 '실재Reality'라는 단어가 단지 그러한 사물들의 총합의 이름으로 사용되었다면 그 실재에 접근하는 데 아무런 문제도 일어나지 않을 수 있을 것이고, 결코 대문자로 된 실재도 만들어지지 않았을 것이다.

그러나 그 말에 파르메니데스와 플라톤이 부여한 의미가 주어졌을 때, 그 용어에 의해서 지시된 것의 믿음을 무엇이 정당화할 수 있는지 누구도 말할 수 없다. 우리는 물리적 대상들의 색에 관한 믿음을 바로잡는 방법을 안다. 행성의 운동과 손목시계의 기원에 대해서도 마찬가지다. 그러나 우리는 사물의 궁극적 본성에 관한 믿음을 바로잡는 방법은 알지 못한다. 존재론은 학문이라기보다는 놀이터에 가깝다.

일상적인 사물과 실재Reality 사이의 차이점은 우리가 '나무'라는 말의 용법을 배울 때 여러 나무에 관한 참된 믿음을 자동적으로 획득한다는 것에 있다. 데이비드슨D. Davidson이 주장한 바와 같이 나무나 별, 손목시계 같은 사물들에 관한 우리 믿음의 대부분은 참이어야 한다. 만일 누군가가 나무들이 대체로 파란색이고 2피트(약 60cm)이상 자라지 않는다고 생각한다면, 우리는 그녀가 뭐라고 말하고 있든 간에 그것만이 나무는 아니라고 결론 내릴 것이다. 오류의 가능성을 제기하기에 앞서 공통적으로 받아들여야 하는 다수의 믿음들이 있어야 한다. 이러한 믿음들 중 어떤 것도 의심받을 수 있지만, 모든 믿음들이 한꺼번에 의심받을 수는 없다. 우리가 특정한 지점에서 상식에 이의를 제기할 수 있는 것은 상식이 말하는 것의 나머지 대부분을 기꺼이 받아들일 때뿐이다.

하지만 실재Reality에 관해서는 그런 상식과 같은 것이 없다. 나무의 경우와는 다르게, 못 배운 이와 배운 이 양쪽 모두에 의해서 받아들여질 수 있는 상투적인 말이 없다. 어떤 집단의 사람들에게는 실재의 궁극적 본질이 원자이고 이 원자가 비어 있다는 사실에 관한 일반적인 합의가 있을 수 있다. 다른 집단의 사람들에게는 그것이 무형의, 시공간적이지 않은 존재인 신이라는 합의가 있을 수 있다.

실재의 본성에 관한 형이상학자들 사이의 논쟁이 우스꽝스러워 보이는 이유는, 각각의 형이상학자들이 자신이 선호하는 몇몇 것들을 자신들 마음대로 고르고 그것들에 대한 존재론적 특권을 주장하기 때문이다. 실증주의자와 실용주의자, 해체주의자가 최선을 다해 노력했음에도 존재론은 데모크리토스와 아낙사고라스 시대만큼이나 현대철학자들에게도 인기 있다. 대부분의 분석철학자들은 여전히 인간의 마음이 온전히 진짜 실재와 만날 수 있는지를 묻는다.

존재론이 이렇게 인기 있는 이유에 관한 나의 가설은 이렇다. 우리가 시적 상상력이 인간 사고의 경계를 설정한다는 사실을 인정하기를 여전히 꺼리기 때문이다. 철학이 시와 싸우는 이유는 상상력

때문이다. 상상력에 대한 공포는 우리가 다르게 말할 것이 있을지도 모른다는 것과 연결된다. 철학자들은 이 공포 때문에 실재에 직접적으로 접근해야 한다는 요구에 사로잡히게 된다.

이런 의미에서 '직접적으로'는 '언어에 의해서 매개되지 않고'를 뜻한다. 왜냐하면 우리의 언어는 쉽게 알아차리지 못하는 사이에 그 뜻이 상당히 달라질 수도 있기 때문이다. 따라서 우리 자신을 존재론에서 탈출시키기에 앞서 비언어적 접근에 대한 생각 자체를 없애야 할 것이다. 이것은 능력 심리학faculty psychology을 끝내는 것을 포함한다. 우리는 인간의 마음을 진짜 실재에 접하게 하는 좋은 부분과, 스스로 자극을 만들고 자기 암시를 하게 하는 나쁜 부분으로 양분하는 그림을 포기해야 할 것이다.

이런 나쁜 생각들의 함정에서 벗어나기 위해서는, **이성을 진리 추적의 능력이 아니라 사회적 실천social practice으로 생각할 필요가 있다.** 이 실천은 기호와 소리의 용법에서 사회적 규범들을 강조하고, 단어들의 용법을 단계적으로 생각할 수 있게 한다.

상상력을 시각적 이미지나 청각적 이미지를 산출하는 능력이 아니라, 참신성과 운의 조합으로 생각할 필요가 있다. 상상력을 가진다는 것은, 뭔가 환상적인 것을 만든다는 의미가 아니라, 뭔가 새로운 것을 실행하고 이러한 참신한 실행이 동료들에 의해서 채택되어 사회적 실천으로 병합될 수 있을 만큼 충분히 운이 좋다는 것을 의미한다.

공상fantasy과 상상imagination 사이의 구분은, 동료들에 의해 논란이

되지 않고 활용되는 참신성에 의해 이루어진다. 전유할 수 없고 활용할 수 없는 참신성을 가진 사람에게 우리는 어리석다거나 미쳤다고 말한다. 물론 이런 사람들의 아이디어는 훗날 천재라고 칭송할 정도로 유용할 때도 있다.

인간의 능력에 관한 설명에서 내가 제안하고자 하는 것은 힘이 아닌 설득을 활용하는 것이 비버의 댐에 비교할 만한 혁신이라는 점이다. 비버가 댐을 만들기 위해 협업하는 것이 바로 사회적 실천이다. 우리가 다른 사람들이 우리에게 협력하도록 만들기 위해 물리적 강제가 아닌 소리를 사용하는 것은 참신한 제안에 의해서 시작된다.

이러한 제안은 언어에서 생겨나고, 합리성과 사고, 인지 모두 언어가 등장할 때 함께 시작된다. 언어는 사람들이 이미 생각하고 있는 것을 사물들의 이름으로 부여해서 시작되는 것이 아니다. 비버가 처음에 댐을 만들 때 막대기와 진흙을 혁신적인 방법으로 이용한 것과 마찬가지로, 초기 인류가 소리를 혁신적인 방식으로 사용하면서 시작된 것이다.

천년이 넘는 시간 동안 언어는 확장되고 더 유연해졌다. 이는 추상적인 대상의 이름에 구체적인 이름을 덧붙여서 된 것이 아니라, 어떤 면에서는 환경적인 상황과도 연결되지 않는 기호와 소리를 사용하여 이뤄진 것이다.[1] 구체적인 것과 추상적인 것 사이의 구분은

---

1   로티는 추상적인 개념을 전제로 구체적인 상황에 따라 기호와 소리가 사용된 것이 아니

지각 가능한 기록을 만들 때 사용되는 단어들과 그러한 사용에 적합하지 않은 단어들 사이의 구분으로 대체될 수 있다.

내가 개괄적으로 제안하고 있는 관점에서 보자면 '중력'이나 '양도할 수 없는 인간의 권리' 같은 표현을, 그 본성이 신비하게 남아 있는 존재자의 이름으로 생각해서는 안 된다. 오히려 그 표현의 용법을, 여러 천재들에 의해 더 나은 사회적 실천으로 생겨난 소리와 기호로 생각할 필요가 있다. 지적인 진보와 도덕적 진보는 선행하는 목표에 더 가까이 가는가의 문제가 아니라 과거를 뛰어넘는가의 문제이다.

천 년이 넘는 시간 동안 비버들이 발전시킨 댐은 막대기와 진흙으로 참신한 일을 하면서 표준적인 댐 만들기라는 실천으로 연결된 결과물이다. 천년이 넘는 시간 동안 향상된 예술과 과학도 더 기발한 선조들이 씨앗과 점토, 광석뿐만 아니라 소리와 기호로 참신한 일을 해 낸 덕분이다.

우리가 '확장된 지식'이라고 부르는 것은 실재로 향하는 접근이 증가했기 때문이 아니라 무언가를 해낼 능력이 증가했기 때문에 가능해졌다고 생각해야 한다. 이 능력은 더 풍요롭고 더 충만한 삶을 가능하게 하는 사회적 실천에 참여하는 것이다. 이 확장된 풍요는 진짜 실재에 의해서 혹은 현상의 베일을 관통할 수 있는 인간 마음

라, 천재적인 사람들에 의해서 지각을 기록하는 혁신적인 방식으로 기호와 소리가 사용되었다고 본다.

의 선천적인 능력에 의해서 인간 마음에서 발휘된, 자석과 같이 끌어당기는 매력의 결과가 아니다. 이 풍요는 인간의 현재와 과거 사이의 연관이지, 인간과 비인간 사이의 연관이 아니다.[2]

∞

내가 지금까지 요약한 관점은 종종 '언어적 관념론linguistic idealism'이라고 불리기도 한다. 그러나 이 용어는 실재의 궁극적 본성에 관한 형이상학적 논제인 관념론과 인류 진보의 본성에 관한 논제인 낭만주의를 혼동하게 만들 수 있다. 제임스W. James는 낭만주의 논제를 다음과 같이 제시한다.

"인류는 크든 작든 간에 발명가들의 진취적 주도와 나머지 사람들의 모방이 없었다면 아무것도 이루지 못했을 것이다. 이것들이 인류 진보의 역사에서 유일하고 고유한 요인들이다. 천재적인 개인들이 그 방법을 보여주면서 유형을 설정하면, 보통 사람들이 그 방법과 유형을 채택하고 따른다. 유형의 경쟁자는 세계의 역사다."

이 부분에서 제임스는 에머슨R. W. Emerson의 생각에 기대고 있다. 에머슨은 「원환Circles」이라는 에세이에서 진보의 본질에 대한 낭만적 관점의 정점을 드러낸다. 거기에서 에머슨은 '사람의 일생'에 대

---

2   로티는 인간의 역사에서 나타난 삶의 진보가 실재를 향한 탐구의 결과가 아니라, 사회적 실천의 역사적인 변천의 결과라고 해석한다. 인간이 이뤄낸 풍요가 과거를 뛰어넘고자 하는 인간의 노력에서 비롯된다고 보고 있는 것이다.

해 다음과 같이 말하고 있다.

"사람의 일생은 감지할 수 없는 작은 고리로부터 스스로 진보하는 원환이며, 모든 면에서 더 크고 새로운 원들을 향해 밖으로 돌진하면서 끝없이 확장하는 것이다. 바퀴 없는 바퀴인 이 원환의 생성은 개인적 영혼의 힘 또는 진리에 의존하면서 그 범위가 계속 확장된다. … 모든 궁극적인 사실은 새로운 계열의 최초일 뿐이다. **우리에게 외부는 없다. 가두는 벽도 없고 경계도 없다.** 인간은 스스로 자신의 이야기를 끝마친다. 얼마나 좋은가! 얼마나 최종적인가! 그 모든 것에 얼마나 많은 새로운 얼굴을 부여하는가! 그는 하늘을 채운다. 오! 다른 한편에서는 하나의 인간이 떠오르고 우리가 이제 막 윤곽이라고 선언했던 원환 주위에 계속해서 원을 그린다. 그러면 그는 일개 사람이 아니라 최초의 발언자가 된다. 그의 급진성만이 당장 그의 적수antagonist 바깥에 하나의 원환을 그린다. … 내일에 대한 사유에서 그대의 모든 신조, 그 모든 신조들, 국가의 모든 문학들을 들어 올릴 힘이 등장한다. 사람들은 다음 시대의 예언자처럼 행보한다.(강조는 저자가 덧붙임)

이 에세이에서 에머슨이 제기한 가장 중요한 주장은 소위 '실재the Real'라 불리는 '가두는 벽'과 같은 것이 없다는 것이다. 언어가 자신을 적합하게 바꿔야 하는 그러한 언어의 밖은 없다. 인간의 모든 성취는 더 나은 성취를 위한 도약대일 뿐이다. 우리는 상상력 있는 재서술[3]이 초점을 잃게 되는 그런 완벽한 서술을 찾을 수 없을 것이

---

3   『우연성, 아이러니, 연대』에서 로티는 낭만주의자들이 논변을 잘하는 능력이 아니라 뭔가 다르게 말하는 재주야말로 문화적 변화의 주요 도구라는 점을 깨달았다고 말한다(R.

다. 탐구에 있어서 운명이 정해놓은 종착점은 없다. 다만 인간이 살아봄직한 더 나은 삶이 있을 뿐이다.

제임스가 에머슨을 호출한 것과 같이, 에머슨은 낭만주의 시인들을 호출한다. 낭만주의 시인들은 인간이 신에 대한 공포에 의해 혹은 이성에 대한 계몽에 의해 움직여서는 안 되며 다음 시대의 예언자처럼 행보해야 한다고 강권한다.

쉘리Shelley는 「시를 위한 변호Defence of Poetry」에서 '시'라는 개념의 의미를 의도적으로 확장시킨다. 그는 '시'라는 단어는 '상상력의 표현'으로 정의될 수 있을 것이라고 말한다. 이러한 확장된 의미에서 시가 '인간의 기원과 동시에 생겨난 것'이라고 덧붙이면서, "시는 움직여지는 것이 아니라 움직이게 하는 영향력이고, 신성한 어떤 것 … 단번에 지식의 중심과 경계에 있는 것이며 모든 학문을 포괄하는 것일 뿐만 아니라 모든 학문에 포함되어야 하는 것이다. 동시에 시는 다른 모든 사유 체계들의 뿌리이자 만발하는 꽃이다."라고 강조하고 있다. 계몽주의가 이성을 신격화하는 것과 마찬가지로, 쉘리와 다른 낭만주의자들은 내가 '상상력'이라고 부르는 것을 신격화한다.

에머슨의 또 다른 신봉자인 니체Nietzsche가 나타난 이후에야 진보

Rorty, 김동식·이유선 역, 사월의 책, 2020: 41). 여기서 로티가 말하는 '재서술'이란 상상력을 통해 자신만의 어휘를 창조해서 기존의 서술을 새롭게 하고자 시도하는 것이라고 볼 수 있다.

에 관한 낭만주의적 관점은 실재의 본래적 본성이 물질Matter이 아니라 정신Spirit이라는 주장으로부터 해방되기 시작한다. 니체 이전에는 이러한 형이상학적 관념론자의 핵심 교리를 에머슨의 심오한 반反형이상학적 주장과 헷갈리기 쉬웠다. 에머슨의 주장은 사물에 대한 서술에 있어서 더 나은 상상력을 가진 서술에 의해서 초월될 수 없거나 대체될 수 없는 그러한 서술은 없다는 것이다. 그러나 『비극의 탄생』에서 니체는 시와 철학 사이의 논쟁을 다시 등장시킨다.

니체는 소크라테스를, 이성을 택해 신화로부터 벗어나고자 하는 사람이 아니라 또 하나의 신화 작가로 취급하면서, 파르메니데스와 플라톤을 아주 강력한 시인들로 보게 만든다. 니체는 이 두 사람이 창시한 철학적 전통을 자신만의 방식으로 봄으로써 독일 관념론과 영국 경험론을, 매개 없이 실재로 접근하고자 하는 충동의 산물로 만든다. 이 두 움직임은 다시 서술될 수 없는 무언가, 즉 시를 이길 만한 무언가를 찾고자 한다. 니체는 칸트Kant와 밀Mill을 한 부류로 생각하게 만드는데, 둘 다 상상력이 뛰어넘을 수 없는 '가두는 벽'을 찾고자 열망하기 때문이라는 이유에서다.

니체가 자신의 후기 저작에서 우리에게 '자신의 삶의 시인die Dichter unseres Lebens'이 될 것을 강권할 때, 그는 쉴러Schiller와 쉘리를 호출하고 있다. 그러나 그는 한층 더 나아가길 원한다. 인간 삶뿐만 아니라 우리가 살아가는 이 세계가 인간 상상력의 창작물이라고 거듭 반복해서 강조한다. 『즐거운 학문』에서 니체는 다음과 같은 말로 소크라테스와 플라톤에 대한 자신의 비판을 요약하고 있다.

"보다 나은 인간은 자신을 속인다. 그는 그의 본성을 관조적이라 칭하면서, 그 자신 또한 실제 시인이며 지속되고 있는 삶의 저자라는 사실을 간과한다. … 생각하고 감각하는 자, 아직 거기에 없는 무언가를 실제로 또 거듭해서 만드는 사람, 그것이 바로 우리이다. 가치들과 색깔들, 무게들, 관점들, 규모들, 긍정과 부정이 영속적으로 성장하는 세계 전체. 우리가 창안해 온 이 시는 소위 실천적 인간 존재에 의해서 부단하게 살[flesh] 속으로 또 실재 속으로, 실로 진부한 말 속으로 내면화되고 주입되고 번역된다. 우리가 창조해 온 세계는 인간 존재에 관한 것일 뿐이다!"

이 부분에 대한 온건한 해석은 자연이 우리에 의해서 만들어진 것은 당연히 아니지만, 우리가 가득 채우기 전까지 자연은 우리에게 아무런 의미가 없다는 것이다. 우리는 자연을 다른 세계, 곧 우리에 관한 세계와 중첩시키는데 그 세계는 실상 인간 삶이 이끌릴 수 있는 그러한 세계이다.

감각은 우리와 동물 모두에게 자연 세계에 대한 접근을 가능하게 하지만, 우리 인간만이 시를 내면화하고 두 세계를 동등하게 피할 수 없는 것처럼 보이게 함으로써 두 번째 세계[인간의 세계]를 덧붙여 왔다. 이성은 상상력이 말끔하게 닦아 놓은 길을 따라서 자연과학의 외부인 두 번째 세계 내에서 복무한다. 그러나 이 학문들 내부에서 자연은 그 스스로 자신의 방식을 보여 준다.

저 온건한 해석은 낭만주의 시를 만족시킬 것이다. 저 해석은 시는 세계의 공인되지 않은 입법자들이라는 셸리의 주장에 대해 그럴싸한 주석을 제공할 것이다. 이는 쉴러가 『인간의 미적 교육에 대한 편지』에서 제안한 인식과 도덕, 감성 사이의 관계에 대한 시각과 부합한다. 그럼에도 이 해석은 충분히 근본적이지 않다. 이 해석은 니체가 현상과 실재 사이의 구분에 반대해서 빈번하게 다루는 논박을 감안하지 않기 때문이다. 니체는 인간의 필요나 관심과는 별도로, 자연이 그 자체로 존재하는 방식이 있다는 생각에 반대한다.

예컨대 니체는 『유고』에서 '그 자체로 구성되는 사물들'에 대한 독단적 생각을 우리가 절대적으로 논파해야 한다고 말한다. 그의 논지는 다음에서 잘 드러난다. "사물들이 해석 및 주관성과 별도로 그 자체로 구성을 가진다는 것은 근거 없는 가설이다. 왜냐하면 이는 해석과 주관성이 본질적이지 않다는 점, 모든 관계로부터 벗어난 사물이 여전히 사물일 수 있다는 점을 전제하기 때문이다."

이 구절에서 니체는 인간이 실재를 서술하는 방식과 독립적으로 실재가 존재할 수 있다는 상식적인 주장을 털어 내 버린다. 그는 우리가 알 수 없는, 비시간적이고 비공간적인 물 자체가 현상계 뒤에 숨어 있다는, 칸트의 정교한 생각도 쉽게 받아들이지 않는다. 하지만 이런 니체의 주장은 '자연이란 정신의 자기의식이 전개하는 과정 속의 한 계기일 뿐'이라는 헤겔Hegel의 주장과 다소 닮은 점이 있다. 니체는 지식을 실재와 접하기 위한 매개로 이해하는 것이 아니라 정신Spirit이 그 자신을 확장시키는 방식으로 생각해야 한다는 헤겔의 주장에 찬성할 것이 분명하다.

그러나 니체는 이 자기의식의 진보가 향하는 자연적 종착점이 있다는 생각을 거부하면서 헤겔과 차별화된다. 헤겔에게 이 종착점은 하나의 최종적 통일체로서 모든 갈등이 해소되고, 현상이 우리 뒤에 놓이면서 참된 실재가 드러나는 곳이다. 헤겔과는 다르고 에머슨과는 유사하게, 니체는 순전히 부정적인 지점을 부각시킨다. 그는 정신만이 진짜 실재라고 말하는 대신에, 무엇이 진짜 실재인지에 대해 묻기를 멈춰야 한다고 말한다.

니체는 이 관점을 상세하게 전개하거나 명석하게 만드는 데 성공한 적이 없다. 여러 주석자들이 지적한 바와 같이, 그가 말한 여러 가지 것들을 조화시키기는 불가능하다. 특히, 그가 자신이야말로 환영으로부터 자유로울 수 있는 최초의 철학자라는 주장과 양립할 수 없다. 니체가 자신보다 앞선 학자들이라고 손꼽는 사람들에 대한 유일한 비판은 그들이 인간의 상태에 대한 플라톤의 설명을 벗어나는 데 너무 소심했으며, 플라톤이 그린 것보다 더 큰 원환을 그리는 데 너무 주저했다는 것이다.

탈형이상학의 시대에 대한 니체의 예언도 그의 후기 저서들의 구절들과 아귀가 맞지 않는다. 이 부분들에서 그는 힘에의 의지가 진짜 실재하는 유일한 것이라고 주장하는 듯 보이기 때문이다. 이 구절들 때문에 하이데거Heidegger는 니체를 '최후의 형이상학자', 곧 전도된 플라톤주의의 마지막 옹호자로 희화화해서 묘사한다.

니체의 주장에 이러한 불일치가 있음에도 불구하고, 내가 인용한 구절에서 그가 내세운 낭만주의적 반플라톤주의는 하나의 정합적인 철학적 주장이다. 니체의 저작을 20세기 분석 철학자들의 저작과 함께 망라한다면 나의 이 주장은 더 힘이 실리고 명료해질 것이다. 뒤이어 나는 비트겐슈타인L. Wittgenstein에 의해 제기된 몇몇 논증 argument과 셀라스W. Sellas와 데이비드슨D. Davidson, 브랜덤R. Brandom에 의해서 개진된 다른 논의들을 다시 듣고자 한다. 내가 보기에 이 논의들은 자연 자체가 우리 인간이 쓰는 시라는 주장과 상상력이 인간 진보의 근원적 수단이라는 주장 모두에 그럴듯한 의미를 부여하도록 돕는다.

앞서 내가 언급한 분석철학자들은 경험주의를 배격한다는 점에서 일치한다. 그들은 동물과 인간이 감각 기관을 통해 세계에 관한 정보를 받아들인다는 생각을 뒤집으면서, 감각이 불변하며 견고한 핵심을 제공하고 이 핵심 주변으로 상상력이 생기고 일시적인 원환들을 엮어간다는 생각을 서서히 약화시킨다. 분석철학자의 주장에 따르면, 감각은 상상력과 구별될 만큼의, 실재와 특별한 연결관계를 누리지 않는다.

그러한 특권적인 연결에 관한 생각은, 플라톤이 마음을 밀랍판에 비유하고 아리스토텔레스Aristoteles가 감각 기관들은 감각된 대상의 성질들을 띤다고 제안한 것으로 거슬러 올라간다. 플라톤과 아리스토텔레스는 물론 현대의 인지 과학자들도 유기체가 밖에 있는 무언가를 유기체 안으로 획득하는 방식으로 감각에 의한 지각을 기술한다.

아리스토텔레스의 경우에는 동일성을 통해서, 로크Locke의 경험주의와 현대 인지 과학의 경우에는 표상을 통해서 이러한 생각을 기술한다. 이러한 전통적인 설명에 따르면 환경의 변화에 응하는 온도조절장치와 같은 기계장치와 환경에 대한 표상을 포함하는 신경 체계를 가지는 유기체 사이에는 큰 차이가 있다. 온도조절장치는 단지 반응할 뿐인데, 유기체는 정보를 획득하기 때문이다.

니체가 봤더라면 환영할 만한 반反경험주의자의 관점에서 보자면 온도조절장치와 개, 아직 말을 하지 못하는 유아는 환경의 자극에 반응하는 복잡함의 수준만 다를 뿐이지 아무런 차이가 없다. 짐승과 유아는 식별하는 반응을 할 수 있지만 정보를 획득하지는 못한다. 왜냐하면 정보를 체계화하는 언어가 있기 전까지 정보의 획득과 같은 것은 있을 수 없기 때문이다.

최초의 원인猿人, hominid이 주장을 펼치고 한걸음 더 나아간 주장으로 이 주장을 뒷받침하면서 자신의 행동을 서로에게 정당화하기 시작했을 때, 정보가 세상에 등장하게 되었다. 이유를 제시하고 묻는 실천이 발달하기 전까지 이 원인들이 서로에게 내는 소리들은 장치 주변 분자들의 운동이 온도조절장치에 정보를 전달하지 않는 것이나 소화 효소가 위의 내용물에 정보를 전달하지 않는 것과 별 다를 바 없는 의미로 정보를 전달하지 않았다.

감각 지각에 대한 이러한 대안적인 설명을 받아들인다는 것은 언어 학습에 관한 전통적인 이야기를 폐기한다는 것을 의미한다. 언어

학습에 관한 전통적인 이야기는 사람들이 이미 사고하고 있는 것에 이름을 붙이면서 언어가 시작된다고 말하는 것이다. 하지만 대안적인 설명에 따르면 다양한 자극에 상이하게 반응하는 능력을 넘어서는 모든 인식은 셀라스가 말한 바와 같이 '언어적 사건'이다. 짐승과 해바라기, 온도조절장치와 유아는 상이한 반응들을 산출할 수 있지만 인식과 정보, 지식은 언어를 습득한 후에야 가능하기 때문이다.

셀라스와 비트겐슈타인의 공통된 관점에 따르면, 개념을 소유한다는 것은 언어적 표현의 용법에 익숙해진다는 것이다. 경험주의자들은 개념을 심적 표상으로 생각하는 반면, 셀라스와 비트겐슈타인은 콰인Willard Van Orman Quine이 '관념의 관념the idea idea'이라고 말한 것을 사용하지 않는다. 여전히 이 생각을 고수하는 철학자들은 신경 처리 과정과 이 영역을 구성하는 다양한 표상들 사이의 관계를 설명하는, 거의 불가능한 부담을 떠맡을 것을 요구받는다. 관념의 관념을 버리는 것은 마음의 소유를 어떤 일정한 사회적 기술social skills의 소유로 다루는 것을 의미한다.

이 사회적 기술은 이유를 제시하고 묻는 과정을 필요로 한다. 마음을 가진다는 것은 주위 환경에 대한 연속적인 표상들을 가지는 '스크린 위에 번쩍이는 두개골 속 극장'이 있다는 것을 뜻하지 않는다. 오히려 원하는 것을 얻기 위해서 설득할 수 있는 능력이 있다는 것을 의미한다.

이러한 관점에서 보면 대화를 주고받기 전까지는 개념이나 믿음, 지식이 있을 수 없다. 왜냐하면 개가 자신의 주인을 안다거나 아기가 자신의 엄마를 안다고 말하는 것은 자물쇠가 자신에게 맞는 열쇠가 꽂혔을 때 이를 안다거나 컴퓨터가 정확한 암호가 기입되었을 때 안다고 말하는 것과 같기 때문이다.

　　개구리의 눈이 개구리의 뇌에 무언가를 말한다고 하는 것은 나사 조이개가 나사에 무언가를 말한다고 하는 것과 같다. 기계 장치와 범주적으로 다른 무언가와 기계 장치 사이의 구분선은 유기체가 사회적 실천을 발달시킬 때 생긴다. 단어의 사용과 같은 이 사회적 실천은, 유기체가 사물을 대안적으로 기술할 때 관련되는 장단점을 고찰하는 것을 가능하게 한다. 어떤 단어가 주어진 상황을 가장 잘 기술하는가를 논의할 수 있을 때가 바로 기계 장치가 멈추고 자유가 시작하는 지점이다. 지식과 자유는 함께 시작한다.

　　나의 관점에서 볼 때 낭만주의적 상상력은 언어의 원천이자 자유의 원천이다. 쉘리가 말한 것처럼, 언어는 만발하는 꽃일 뿐만 아니라 뿌리이기도 하다. 우리는 주변에 어떤 일이 있는지 알리기 위해 말을 하고 그 후에 상상력을 섞은 재서술을 통해 이 말을 확장하지 않는다. 상상한다는 것은 훨씬 더 심오해서, 예를 들어 '붉음'이나 '둥긂'의 개념은 신God이나 양전자positron, 입헌 민주주의만큼이나 상상력이 깃든 창작물이다. '붉음'이라는 단어가 순환 과정에 들어가는 것은 뉴턴이 사람들을 설득하기 위해 '중력'이라는 용어를 사용한 것과 동등한 위상을 가진다.

어떤 초기 원인猿人, hominid이 사물이 가지는 색의 차이에 관해 말하기 시작하기 전까지는 붉음이 무엇인지 아무도 몰랐을 것이다. 이는 마치 뉴턴이 일종의 신비한 힘이 탄환의 궤적과 행성의 궤도 양쪽 모두에 작용한다고 말하기 전까지 중력이 무엇인지 아무도 몰랐던 것과 같다. 상상력이 풍부한 천재가 피blood, 가을 단풍잎, 해질녘 서쪽 하늘을 동일한 소리[4]로 표현하자고 제안하는 상황을 떠올려 보자. 그런 제안이 진지하게 받아들여지고 실천으로 옮겨질 때라야 비로소 원인들은 마음을 가진다고 할 수 있을 것이다.

어떤 천재가 '둥글다'라고 번역할 수 있는 소리를 사용하지 않은 상태라면 '둥글다'라는 개념에서 보름달과 나무 밑동이 어떤 공통점을 가졌는지 분명히 드러나지 않는다. 분명함은 언어를 사용하지 않는 유기체에 적용될 수 있는 용어가 아니기 때문에 아무것도 분명하지 않은 것이다. 온도조절장치와 짐승, 말을 하지 못하는 유아에게 분명한 것은 없으며, 그들 모두가 예측 가능한 방식으로 자극에 반응한다고 해도 그러하다.

언어가 없을 때 분명함이라는 용어는 두개골 속의 작은 극장에 앉아 있는 관객에 관한 데카르트의 이야기와 뗄 수 없는 관계가 있다. 이 관객은 그 작은 극장에서 표상들이 나타났다 사라지는 것을

---

4   붉음

지켜보고 그 표상들이 지나갈 때마다 이름을 붙인다. 셀라스는 아이의 마음이 여러 겹의 감각에 직면한 것을 설명하면서 이 이야기를 패러디한다. "아하!" 아이의 마음이 자신에게 이렇게 말한다. "저기 '지금'이 있네! 또 다른 지금이 있네! 그리고 또 있어, 정말 좋은 예시네! 밀J.S. Mill의 방법에 따르면 이건 틀림없이 엄마가 '붉다'라고 말한 걸 거야!"

데카르트는 단어를 배우기 전에도 아이는 이미 색과 형태의 차이, 붉음과 푸름의 차이를 안다고 말한다. 이와 대조를 이루는 시각을 니체의 『유고』에서 찾아볼 수 있다. 그는 "아무런 존재도 없는 세계에서는 어떤 측정 가능한 세계가 먼저 창조되어야만 한다."라고 말한다.

여기서 니체가 '아무런 존재도 없는 세계'라는 표현보다는 '아무런 지식도 없는 세계'라고 쓰는 편이 나았을 것이다. 만일 우리가 이렇게 고쳐 쓴다면, 식별할 수 있는 사물들 없이 지식을 가질 수 없고, 사람들이 '똑같은 형태'와 '다른 색'과 같은 용어를 사용할 수 있기 전까지 식별 가능한 사물은 없다는 사실을 니체가 말했다고 평가할 수 있을 것이다.

우리가 이 사물이 저 사물과는 다른 색을 가졌지만 똑같은 형태를 가졌다는 식으로 사고를 체계화할 수 있을 때 지식을 가지게 된다. 경험주의 전통은 짐승과 말 못하는 유아도 이러한 사고능력을 가진다고 보았다. 내가 제시하는 반경험주의적 시각에 따르면, 온도 조절장치가 '평소보다 시원하네.'라고 사고하는 능력을 가지지 않는 것처럼, 그들이 이 능력을 가진다는 근거는 없다.

지금 사용하는 의미에서의 상상력은 인간만의 특징적인 능력은 아니다. 앞서 말한 바와 같이, 상상력은 사회적으로 유용성 있는 참신한 것들을 생각해 내는 능력이다. 이 능력이 바로 뉴턴이 기발하고 열정적인 비버들과 공유했던 바로 그 능력이다.

그러나 이유를 제시하고 묻는 행위는 인간만의 특징적인 것이고, 합리성과 같은 외연을 갖는다. 유기체가 힘이 아니라 설득으로 자신이 원하는 것을 얻을 수 있게 되면 더 합리적인 존재가 될 수 있다.

예컨대 오디세우스는 아킬레우스보다 합리적이다. 그러나 말을 할 수 없다면 설득도 할 수 없다. 언어적 변화가 없다면 도덕적 진보나 지적 진보도 없다. **합리성은 언어 게임 안에서 허용된 활동을 가능하게 하고, 상상력은 이성이 놀이할 수 있도록 게임을 창조한다.** 그러면 플라톤이나 뉴턴 같은 사람들이 잘 보여주는 것처럼, 상상력은 이 게임들을 계속 수정해서 더 흥미롭고 유익하게 만든다. 이성은 상상력이 그려놓은 최근의 원환 밖으로 나갈 수 없고, 이런 의미에서, 또 이런 의미에서만 상상력이 우위를 지닐 수 있다.

∞

내가 관심을 가져온 니체의 시각은 흔히 다음과 같은 명제로 요약되곤 한다. '모든 것은 언어에 의해 구성되고 사회적으로 구축되

며 마음에 의존한다.'

그러나 이런 요약은 정말로 잘못된 것이다. '구성constitution'과 '구축construction', '의존dependence' 같은 단어는 이 말들의 원래 터전인 언어 게임에서 인과 관계를 일컫고, 이 말들은 무언가가 어떻게 존재하게 되었고 어떻게 계속해서 존재할 수 있는지에 대한 설명으로 이어진다. 예를 들면, 우리는 '미국은 초기 13개의 식민지로부터 구성되었다', '나무로 된 집은 목수에 의해 구축되었다', '아이들은 부모의 양육에 의존한다.'라고 풀어서 설명할 수 있다.

그러나 중력과 마찬가지로 붉음이 언어적 구성물이고 젠더와 마찬가지로 둥긂이 사회적 구축물이라고 말하는 철학자들이, 한 종류의 실재 존재물이 다른 부류의 존재물로부터 생겨난다는 점을 이야기하려는 것은 아니다. 그 철학자들이 인과 관계에 관해 터무니없는 가설을 제안하지는 않는다는 말이다. 인과 관계는 니체가 '식별된 사례들의 어떤 측정 가능한 세계'라 부른, 식별할 수 있는 대상들의 세계에서만 유효하다.

우리는 그러한 대상들을 식별하고 나서야 인과 관계를 따져볼 수 있다. 하지만 그 대상들을 포함하는 세계가 어디서 오는가를 묻는 것은 아무 의미가 없다. 우리는 나무와 비버가 어디에서 오는지에 관한 상식적인 수준의 고생물학적 질문과 별이 어디에서 오는지에 관한 상식적인 수준의 천체물리학적 질문을 할 수 있지만, 시공간의 대상들 일반이 어디에서 오는지에 관한 질문에 의미 있는 답을 할 수는 없다.

운 나쁘게도 칸트는 그런 조악粗惡한 질문들을 던졌다. 그런 다음 그는 물 자체가 어떻게 초월론적 자아에 의해서 시공간적인 형태를 갖추게 되었는가에 관한 상상의 이야기를 들려주었다. 그 이야기가 가지는 명백한 내적 부정합성은 관념론에 오명을 남겼지만, 우리가 대략적으로 살펴보고 있는 니체의 시각은 그와 유사한 어떤 설명을 피하면서도 관념론에서 무엇이 참이었는가를 잘 보여준다. 그것은 개념이 있기 전에 대상에 대한 인지적 접근과 같은 것은 없다는 명제이다. 우리가 비버와 나무, 별에 인지적으로 접근할 수 있는 것은 '비버', '나무', '별'이라는 단어들을 사용할 능력이 있을 때뿐이다.

칸트의 오류는 사물들에 관한 우리의 사고와 식별 가능한 사물들이 분리될 수 없다는 명제를, 식별 가능한 사물들이 어디에서 왔는지에 관한 명제로 정식화하려 했던 것이다.[5] 헤겔은 초월론적 관념론을 절대정신으로 대체하면서 이 오류를 피해갔다. 그러나 헤겔은 자신의 학설을 플라톤과 데카르트가 사용한 질료와 비질료의 구분을 활용해서 표현했는데, 이는 유한한 인간 조건을 초월하고자 하는 희망에서 영감을 받은 것이다. 이 지점에서 헤겔주의는 실증주의 비평에 굴복하고 만다. 헤겔이 헤르더Herder에게서 취한 역사주의는, 종말론의 위태로운 시도로부터 해방되기도 전에 하이데거와 같은

---

5   여기서 로티는, 우리의 사고는 여러 사물들을 구분하는 언어의 사용과 밀접한 관계를 맺고 있는데 칸트가 이를 사물들의 원천인 물 자체에 관한 명제로 바꿨다는 점을 비판하고 있다.

포스트 니체주의 철학자에 의해서 재조직되어야만 했다.

플라톤 전통의 옹호자들은 내가 내세우는 시각이, 최초의 원인嶽人들이 대화를 나누기 전에 붉거나 둥근 것이 없었거나 산이 '산mountains'을 뜻하는 소리를 사용하기 전에는 산이 없었다는 주장으로 해석된다고 비판하곤 한다. 그러나 이는 희화화일 뿐이다.

비트겐슈타인의 요점은 사물들이 언제 존재하게 되었는가가 아니라 언어와 사고가 어떻게 존재하게 되었는가에 대한 것이다. 그가 말한 대로 '이름 붙이기naming'는 여러 언어적 설정 단계를 필요로 한다. 당신이 붉고 둥근 공을 가리키고, '붉다'라고 말하면서, 아기가 공의 둥근 형태 대신에 붉은색을 파악하기를 기대하는 것만으로는 아무런 소용이 없다.

비트겐슈타인은 언어 학습에 대한 경험주의자의 묘사가, 아기가 자신에게 '구체적 언어 이전의 사고언어Mentalese'로 말하는 것을 떠올리게 한다는 점에 주목한 최초의 학자라 할 수 있다. 이 사고언어는 앞선 예에서 셀라스의 아이가 '엄마가 '붉다'라고 부른 것이 바로 이거구나.'를 알아낼 때 사용하는 언어다.

비트겐슈타인과 셀라스, 데이비드슨, 브랜덤 대對 포더J.Fodor와 인지과학 지지자들 사이를 가르는, 언어 이전의 인식에 관한 쟁점은 상상력의 우선성에 관한 물음과는 거리가 멀어 보일 수 있다. 그러나 나는 다음과 같이 당신을 설득하고자 한다. 이 쟁점은, 세계를 우리에게 정보를 주는 무언가로 생각하기보다 하나의 시詩로 생각하는 니체가 옳았는가에 대한 물음에 결정적인 단서가 된다. 우리가 이 물음에 어떻게 답하는가의 여부에 따라 인간 존재가 지난 수천 년 동안 만들어 온 진보를 일종의 상상력의 확장으로 생각하는지, 아니면 실재를 정확하게 표상하는 능력의 증가로 생각하는지가 결정되기 때문이다.

니체가 "예술의 눈으로 과학을 보라"고 권할 때, 그는 새로운 과학 이론들을 실재에 관한 표상이 아니라 시적 성취들로 봐야 한다고 제안하고 있는 것이다. 니체의 노선을 따라 해석하자면, 시인들은 알려지지 않은 세계의 입법자들이라는 쉘리의 격언은, 솔론Solon이 아테네 법의 입법자인 것과 마찬가지로 뉴턴이 운동법칙의 입법자라는 주장으로 이어진다.

솔론과 뉴턴은 주어진 목적을 달성하기 위해서 언어가 어떻게 사용되어야 하는가에 관한 상상력 있는 안案들을 제안했던 사람들이다. 솔론의 경우에 이 목적은 자신의 폴리스에 더 나은 사회 질서를 가져오는 것이었고, 뉴턴의 경우에는 물리적 현상을 더 정확하게 예측하는 것이었다. 이 두 제안들은 적어도 한동안은 이 목적들에 잘 부합했기에 이 제안들이 실재를 올바르게 이해했는가 하는 물음이 제기될 필요가 없다.

학문에 대한 이러한 시각은 물리학의 소립자 같은 것을 가장 좋아하는 철학자들에게는 파문감이다. 이 철학자들은 '최근 몇 세기 동안 우리가 사물의 작동 원리에 관해 무언가를 더 배웠나?'라는 질문을 이와는 꽤 다른 질문인 '우리가 진짜 실재가 무엇인지에 관해 더 배웠나?'와 합친다.

첫 번째 질문의 답은 분명히 '예'이지만 두 번째 질문의 답은, 사물의 작동 원리를 알아낸다는 것을 사물들이 진짜로 어떻게 존재하는가 관한 하나의 기술을 찾는 문제로 가정할 때에만 '예'이다. 이 가정이 독일 관념론자와 니체가 맞섰던 바로 그 가정이다. 그러나 관념론자들은, 경험과학은 실재의 본성에 관한 질문에 답할 수 없지만 철학은 답할 수 있다고 생각했다. 반면에 니체는 사람들이 그러한 질문을 제기하는 것 자체를 막고자 했다.

니체는, 플라톤이 '진짜 실재'라는 용어를 순환 과정에 집어넣는데 성공한 것은 위대한 상상의 성취라고 생각했다. 그러나 위대한 시에 대한 답은 훨씬 더 나은 시에 있으며, 이는 니체가 그 자신을 저술가라고 생각한 것과 같다.

니체는 『우상의 황혼The Twilight of the Idols』에서 '참된 세계'라는 것을 파르메니데스와 플라톤이 꾸며낸 하나의 우화이자 신화로 보자고 제안한다. 니체는 우화라는 것이 문제가 아니라 그 우화가 이미 그 효용성을 다했다는 것이 문제라고 말한다. 그가 옳게 말한 바와 같이 우리가 참된 세계에 대한 용어를 포기할 때 그 환영에 불과한 세계도 포기하게 되기 때문에, 실재Reality의 본래적 본성을 알고자 하는 희망이 환영일 뿐이라고 말해서는 안 된다. 좋고 오래된 시와 새롭고 더 나은 시 사이의 차이는 실재에 대한 조악한 표상과 더 나은 표상 사이의 차이가 아니다.

∞

나는 이 강의를 통해 니체가 더 나은 시를 썼다는 점을 당신에게 설득하고자 했다. 내가 보기에는 낭만주의 운동은 그리스 철학자들이 말한 이야기를 더 나은 이야기로 대체하고자 하는 시도의 출발점을 마련했다. 그리스 철학자들의 오래된 이야기[6]는 존재가 자신들과 멀어지게 된 무언가와의 접촉을 어떻게 가까스로 되찾았는가에 관한 것이다. 이때의 무언가는 인간의 창작물이 아니라 인간의 모든 창작물과 대척점에 있는 무언가이다. 낭만주의가 말하는 새로운 이야기는 인간 존재가 더 나은 미래를 만들기 위해서 어떻게 자신의 과거를 극복하고 있는가에 관한 것이다.

나는 우리의 목적을 위해서 오래된 이야기보다 새로운 이야기가 더 낫다는 점을 당신에게 납득시키고자 한다. 이를 위해서 '시와 철학 사이의 불화'라는 맥락에서 고대 그리스에서 '과학적 합리성의 시작'이라 불리곤 하는 것에 대해 생각해보길 권한다.

이 불화에 대해 시인의 입장에서 말하자면, 동일한 사물과 사건

---

6   플라톤의 주장

에 대한 여러 서술들이 있지만 다른 것에 비해 어떤 한 서술의 우위를 판단할 수 있는 중립적인 기준은 없다. 중립적인 기준이 있다고 주장하는 한에서만 철학은 시詩와 반대편에 서게 된다.

플라톤은 우리가 수사학을 논리학으로, 즉 상상력을 논리적 준거의 적용으로 대체해야 한다고 말했다. 그는 우리가 최초의 원리들로 거슬러 가는 논증의 경로를 추적하면, '가설들을 넘어서는 자리에 도달하기'라는 목표를 얻을 수 있다고 말한다. 그 목표에 도달할 때 우리는 재서술이 가지는 매력적인 효과에 면역될 것이다. 왜냐하면 그 목표가 우리 자신과 진짜 실재 사이의 일종의 '명시적 연결'을 만들기 시작하기 때문이다. 이 연결은 경험주의자의 시각에서 보면 시각적 지각이 색, 형태와 맺는 관계와 같은 것이다.

우리가 우리 자신의 감각의 증거를 부정할 수 없듯이, 다시 말해서 우리 눈이 붉다고 말하는 것을 파랗다고 믿을 수 없듯이 플라톤주의 철학자들도 플라톤이 나눈 경계선의 꼭대기에 도달했을 때 자신이 보는 것을 의심할 수는 없다. 그렇지만 시인에게 논리적 논증, 즉 연역적 타당성의 규칙에 대한 순응은 여타의 수사학적 기법 중 하나일 뿐이다. 니체와 비트겐슈타인은 플라톤의 의심 불가능한 영역으로 가는 상승의 메타포를 에머슨의 끝없이 확장하는 순환의 메타포로 대체할 것을 제안한다.

플라톤이 의견doxa에서 인식episteme으로 상승하는 것을 상징하고자 경계선을 사용할 때, 또 같은 이유로 동굴의 비유를 사용할 때 재서술을 피하는 방법은 담론을 거치지 않는 종류의 지식, 곧 특정한 언어적 체계의 선택에 의존하지 않는 지식을 얻는 것뿐이라는 점을 암묵적으로 인정하고 있다. **어느 누구도 논쟁을 걸 수 없는 진리에 도달한다는 것은 언어적으로 표현할 수 있는 것에서 형언할 수 없는 것으로 달아난다는 것이다.** 형언할 수 없는 것, 즉 전혀 서술할 수 없는 것만이 상이하게 서술될 수 없기 때문이다.

니체가 사물이 가지는 관계와 별도로 이해되는 것은 사물이 아니라고 말할 때, 그의 말은 모든 언어가 무언가를 다른 무언가와 연결시키는 문제이기 때문에 연결될 수 없는 것은 필히 형언할 수 없고 알 수도 없는 것이라는 의미로 이해되어야 한다.

언어는 붉은 피를 일몰과 결부시키고 보름달을 나무 밑동과 결부시키면서 관계를 수립한다. 서술할 수 없다는 것은 관계가 없다는 것을 의미하고, 그럴 때 우리가 서술 불가능한 것에 접근할 수 있는 방법은 일종의 직접적 인식밖에 없다. 이 인식은 붉음에 관한 경험주의자들의 인식이며, 신에 대한 신비주의자의 인식이다. 플로티누스Plotinus와 에크하르트M. Eckhart에서 흄D. Hume과 러셀B. Russell에 이르는 서양철학사의 상당 부분은 그러한 직접적 인식에 대한 탐색의 역사이다.

나는 이 강의에서 후기 비트겐슈타인과 영국 전통 경험주의 사이의 논쟁이 철학과 시의 논쟁으로 대변된다는 점과 비트겐슈타인의 입장에 선 분석철학자들이 줄곧 확장하는 원환과 같은 진보에 대한 에머슨의 낭만주의적 설명에 중요한 지지대를 제공한다는 점을 이야기했다.

다음 강의에서는 비트겐슈타인과는 다른 편에 선 분석철학에 대한 설명을 해보고자 한다. 이 입장은 플라톤이 말한 진보에 관한 이야기를 유지하면서 에머슨의 주장에는 반대한다. 곧 인간 존재에게 '가두는 벽'과 같은 경계가 실제로 존재한다고 주장하는 것이다. 이 철학은 역사의 드라마가 불변하는 틀 안에서 실행된다고 보는 관점이기도 하다.

마지막 세 번째 강의에서는 낭만주의라는 주제로 돌아오고자 한다. 나는 쉘리와 에머슨을 존경하는 사람들이 시적 상상력을 실재와 직접적으로 만나는 수단으로 전환시키고자 하는 유혹을 경계해야 한다고 말하고자 한다. 이는 상상력을, 진리를 추적하는 능력의 모형으로 만들고자 하는 유혹과도 같다. 이 강의의 교훈을 요약해보자면 철학과 시 양쪽이 인간의 유한성을 초월하고자 하는 시도를 기꺼이 포기한다면 평화롭게 공존할 수 있다는 것이다.

"만일 우리가 어떻게 지금의 우리가 되었는지, 왜 우리가 지금 쓰는 것처럼
단어를 사용하는지에 대한 그럴싸한 내러티브를 가진다면, 우리는 우리
자신을 이해하기 위해 필요한 모든 것을 가진 셈이다."

"내가 이 강의에서 추천하고 있는 헤겔주의자의 시각에서 본다면,
인간은 이해되어야 하는 본성을 가지는 것이 아니라 재해석되어야 하는
역사를 가진다."

2

보편주의의 위엄과
분석철학

철학은 사물들이 위기에 처한 것처럼 보일 때, 즉 소중하게 여겼던 믿음이 위협받을 때에만 문화에서 중요한 자리를 차지한다. 그러한 시기에 지식인들은 새로운 시대를 예언하기 시작한다. 지식인들은 상상가능한 미래를 언급하면서 과거를 재해석하고, 보존되어야 할 것과 폐기되어야 할 것을 구분해 제안한다. 가장 영향력 있다고 판명된 제안을 낸 이들은 '위대한 철학자'의 명단에 각자 자리를 차지한다.

예를 들면 기도의 힘과 성직자의 영향력이 의심의 눈초리를 받기 시작할 때 플라톤과 아리스토텔레스는 곧 사라질 짐승과는 다르게 인간 존재가 우주의 지배력과 특별한 관계가 있다는 생각을 고수할 방안을 제안했다.

아퀴나스와 단테가 안주했던 세계지도를 코페르니쿠스와 갈릴레오가 지워버렸을 때 스피노자와 칸트는 신에 대한 사랑을 진리에 대한 사랑으로, 또 신의 뜻에 대한 복종을 순수 도덕성에 대한 복종으로 대체하는 방법을 유럽에 알려주었다. 민주주의 혁명과 산업화가 사회적 결속의 본질을 다시 생각하지 않을 수 없게 했을 때, 마르크스와 밀은 각각의 유용한 제안들을 한발 앞서 내놓았다.

인류 역사 중에서 1600년대와 1900년대 사이에는 서구 지식인들이 새로운 제안을 할 필요가 있을 정도의 위기가 없었다. 과학과 신학 사이에 벌어진 대규모 전쟁에 비할 만한 지적 투쟁은 없었다는 말이다.

상류층 문화가 속속들이 세속화되어감에 따라 유럽과 미주의 식자층은 세계의 작동방식을 이해함에 있어서 안일한 유물론자가 되었다. 또한 그들은 사회 정치 분야에서 이미 제안된 진취적인 계획들을 평가함에 있어서 안일한 공리주의자이자 경험주의자가 되었다. 인권이 존중되고, 기회의 평등이 보장되고, 그에 따라 행복의 실현 가능성이 증가하는 세계 연방의 유토피아적 비전을 동일하게 공유하게 되었다. 근래에 들어 정치적으로 심각한 논쟁은 '이 목적에 어떻게 도달하는가'에 관한 것이지, '이 목적이 추구할 만한 것인가'에 관한 것은 아니다.

이것이 러셀과 베르그송, 하이데거와 캇시러, 초기 비트겐슈타인과 후기 비트겐슈타인, 카르납과 콰인, 에이어와 오스틴, 포더와 데이비드슨, 하버마스와 가다머 사이의 논쟁이 철학과 밖에서는 거의 반향을 일으키지 못했던 바로 그 이유이다. 목적어가 어떻게 문장을 참으로 만드는지, 마음과 뇌가 어떻게 관련되는지, 자유의지와 기계론이 어떻게 조화 가능한지 등에 대한 철학자들의 해석은 대체로 현대 지식인들의 흥미를 불러일으키지 못한다.

그런 문제들은 '철학의 문제들'이라는 교재 안에 구태의연하게 갇힌 채 소수의 명민한 학생들의 상상력을 사로잡고 있을 뿐이다. 그러나 누구도 이 주제들에 대한 관심과 토론이 지적 삶을 위해 핵심적인 중요성을 갖는다고 단언하지는 못할 것이다. 이 문제들은 스피노자 시대의 사람들에게는 가장 중요한 문제들이었지만, 현대 철학자들이 이 문제야말로 '근본적'이거나 '영원한' 문제들이라고 주장한다고 해서 진지하게 듣는 사람은 거의 없다.

그럼에도 내가 지난 강의에서 개괄했던 철학과 시 사이의 논쟁, 곧 낭만주의 운동에 의해 다시금 활성화된 논쟁은 여전히 진행 중이다. 근래에 들어 자신들 스스로 그렇게 칭하지는 않지만 '포스트모던 상대주의자'라고 불리는 철학자들과 그 철학자들의 반대편에 있는 사람들 사이의 대결이 모양새를 갖추어가고 있다.

두 진영은, 인간 존재가 진리를 찾음으로써 자신의 유한성을 초월할 수 있다고 본 플라톤이 옳았는지, 아니면 플라톤주의와 종교 모두를 현실도피자의 공상으로 본 니체가 옳았는지에 관해서 의견이 일치하지 않는다.

포스트모더니즘에 경각심을 가지는 철학자들은 대체로 니체가 종교에 관해서는 옳았지만 플라톤주의에 관해서는 옳지 않았다고 주장한다. 플라톤주의자들은 상상력이 설정해 놓은 한도 내에서만 이성이 작동한다는, 즉 사회적 실천의 설정 내에서만 합리성이 수용될 수 있는 움직임이 만들어진다는 니체의 생각에 반대한다. 그들은 이성에 뭔가가 더 있다는 플라톤의 생각에 찬성하면서, 자신들의 분야를 합리성의 전형으로 간주한다.

이 강의에서 플라톤과 니체 사이에 생기는 대립의 현대적 버전이 분석철학과 비분석철학 간의 쟁점이라는 제안을 먼저 해보고자 한다. 그런 다음에는 이 쟁점을 두 그룹의 분석철학자들 사이의 의견 불일치로 재서술하고자 한다.

한 집단은 내가 앞선 강의에서 영웅처럼 받들었던 비트겐슈타인과 셀라스, 데이비드슨, 브랜덤이고, 나머지 집단은 그들의 적수들이다. 후자는 마음과 언어를 '사회적 실천'으로 설명하는 것에 반대하는데, 사회적 실천이라는 말이 어떤 면에서 포스트모더니즘적 상대주의를 보완하면서 받아들일 만하게 만드는 것으로 여겨지기 때문이다.

∞

요즈음 세계 여러 나라 대학의 철학과에서 무엇을 하고 있는가를 설명하기 위해서는 이른바 철학의 핵심영역과 사회정치 철학을 구별하는 것부터 시작해야 한다.

후자, 즉 이른바 철학의 핵심영역은 형이상학과 인식론, 심리철학, 언어철학을 포함하고 이 영역의 주변부에 종사하는 철학자들은 핵심영역에 종사하는 철학자들과 대체로 거의 소통하지 않는다.

사회정치 철학을 전공하는 철학자들은 동료 철학자들이 쓴 책보다 정치학이나 법학 교수가 쓴 책을 더 많이 읽으며, 마음과 몸, 언어와 실재의 관계에 관한 책은 읽지 않는다. 이와 정반대도 역시 성립하는데, 이른바 철학의 핵심영역과 관련된 주제에 관한 책을 쓰는 저자들도 대체로 사회정치 철학에 대해서 정통하지 못하다. 두 부류의 전공자들이 동일한 학문 분과의 구성원들이라는 점은 대학의 역사에서 일대 사건이라 할 만하다.

이 두 영역이 상당히 다른 관심사를 가진다는 점은 다음과 같은 사실에서 부각된다. '분석' 철학 및 때로 '대륙' 철학이라 불리기도 하는 '비분석' 철학 사이의 분열은 정치적 쟁점을 다루는 것과는 거의 관련이 없다. 어떤 분류표를 가지고도 정치적 쟁점을 다루는가의 여부로 하버마스J. Habermas와 프레이저N. Fraser, 라즈J. Raz, 마낭P. Manent을 제대로 분류할 수 없다. 이 철학자들은 왈처M. Waltzer와 드워킨R. Dworkin, 포스너R. Posner, 벡U. Beck과 같은 비철학자[정치학자와 사회학자]들이 다루는 것과 동일한 쟁점, 즉 정치적 쟁점에 관심을 가지면서 자유를 사회질서 및 정의와 더 잘 결합하기 위해 정치사회적 제도들을 변화시킬 방법을 묻는다.

하지만 우리가 사회정치 철학에 괄호를 치게 되면 분석철학과 대륙철학의 분열은 현대 철학의 전개에서 가장 현저한 특징이 된다. 대부분의 분석철학자들은 러셀의 기술이론이 철학의 모범적인 예라는 램지F. Ramsey의 생각에 여전히 동의한다.

비분석 철학자들 대부분은 그 중요성에 있어서 헤겔의 『정신현상학』이나 하이데거의 『휴머니즘에 대한 편지』에 비견할 것이 러셀에게는 없다고 생각한다. 자신을 마음과 언어에 관한 분석철학자로 생각하는 누군가는 러셀의 이론과 친숙하게 될 것이 거의 확실하다. 그러나 그는 헤겔이나 하이데거를 읽어본 적이 없을 뿐만 아니라 읽어보고자 하는 마음이 없을 수도 있다.

그렇지만 당신이 비영어권 국가에서 철학을 가르친다면, 『정신현상학』과 『휴머니즘에 대한 편지』 모두에 관해 말할 준비가 되어 있어야 하지만 러셀의 기술이론에 관해서는 건너뛸 수 있다. 예를 들면, 브라질과 터키, 폴란드의 철학자들 대부분은 자신들의 영어권 동료들이 러셀이 중요한 인물이라고 믿는 이유에 관해 쉽게 이해하지 못하거나 동의하지 않을 수 있다. 이와는 반대로 오스트레일리아와 미국의 대학에서 가르치는 대부분의 철학자들은, 세계의 많은 철학자가 자신의 분야에서 헤겔 연구를 견실한 교육을 위해 꼭 필요한 것으로 생각한다는 사실에 어리둥절해 하곤 한다.

이 두 부류의 철학자들이 자신에 대해 가지는 이미지 사이의 분명한 대조를 위해 기술이론에 관해 간략하게 기술하고자 한다. 러셀은 "문장들의 주어를 형성하기 위해 사용된 단어들이 사물들을 지시하고, 사물들이 그 문장이 말한 것과 같이 존재해서 어떤 문장이 참일 때 지시하는 표현을 포함하는 참인 몇몇 문장들에서, 한 표현이 동일한 것을 지시하는 다른 표현을 대체한다면 그 문장들은 어떻게 거짓이 되는가?"와 같은 질문에 답하기 위해 기술이론을 고안했다.

러셀이 예로 든 두 문장은 다음과 같다. "조지 4세는 스콧이 『웨이벌리Waverley』의 저자였는지 알기를 원했다."가 참이라면, "조지 4세는 스콧이 스콧이었는지 알기를 원했다."는 거짓이다.

기술이론의 답은 다음과 같다. 이 질문에서 '웨이벌리의 저자'라는 기술은 '스콧'이라는 단어와는 다르게 특정한 개인을 지칭하지 않는다. 러셀은 조지 4세가 정녕 알기 원했던 것은 『웨이벌리』의 저자라는 존재의 속성을 가지면서 스콧과 동일인인 한 개인이 존재하는지 여부라고 말한다.

러셀은 이런 방식으로 접근해야 문제시되는 참된 '논리적 형식logical form'이 밝혀지고 퍼즐이 풀린다고 주장한다. 그는 질문의 이러한 논리적 형식이 밝혀질 수 있는 것은 자신의 스승인 프레게G. Frege가 제안한 새로운 기호 논리학에 의해 세워진 구분을 원용했기 때문이라고 말한다. 기호 논리학에 대한 지식은 여전히 다수의 영어권 철학자들에 의해 철학적 역량에 꼭 필요한 것으로 간주된다. 그에 비해 많은 비영어권 철학자들은 기호 논리학이 일종의 선택사항일뿐 꼭 필요한 것은 아니라고 생각한다.

당신이 보기에 러셀의 이론이 별 의미도 없는 질문에 정교한 답을 하고자 하는 것이 아닌가 의심스럽다 해도 하등 걱정할 필요가 없다. 당신은 저명한 현대 철학자들 여럿을 당신 편에 두고 있기 때문이다. 하이데거부터 데이비드슨에 이르는 철학자들은 세계 속 사물의 작동 원리에 관한 질문들이 참인 문장을 만드는 방법과 중요하게 연관된다고 생각하지 않는다.

비영어권 철학자들은, 버클리^{Berkeley}가 말한 어떤 이가 먼지를 일으키고 나서 그 먼지 때문에 볼 수 없다고 불평하는 사례가 바로 이 질문에 해당한다고 생각한다. 그들의 시각에서 보면 우리를 진짜 실재에 접촉하게 하는 데 더 적합한 어떤 진술 방식이 따로 있다는 플라톤의 생각을 진지하게 받아들일 때 시야를 가리는 자욱한 먼지가 만들어진다.

∞

헤겔이나 하이데거보다 러셀을 좋아하는 철학자들은 프레게와 러셀이 설립한 철학의 전통이 철학이 답하고자 하는 질문이 무엇인지를 정확하게 설명하는 장점을 가진다고 주장하곤 한다. 당신이 분석철학자의 문제들이 흥미를 불러일으킨다고 생각하든 아니든 간에, 적어도 그 문제들이 무엇인지는 알아야 한다. 이 문제들에 당신이 신경을 써야 하는가의 여부가 쟁점일 뿐이다.

분석철학자들은 자신들이 논의하는 쟁점들에 당신이 흥미를 가져야 한다고 단언한다. 왜냐하면 당신이 펼쳐본 적이 있는 철학책 속의 어떤 직관들은 서로 긴장 관계 속에 있기 때문이다. 그러한 직관 중의 하나는 문장들이 말하는 언어 외적 존재물에 의해 문장이 참이 된다는 것이다. 기술이론의 가치는, 기술이론이 한눈에 봐도 알 수 있는 분명한 반대의 사례들을 제시해서 이와 같은 직관을 바로잡는다는 데 있다.

이와는 대조적으로 헤겔과 하이데거는 상식이나 일상 언어에 관해서 그렇게 많은 관심을 기울이지 않는다. 프레게와 러셀이 사물들을 더 명료하게 만들고자 하는 반면에, 헤겔과 하이데거는 사물들을 기존의 의미와 다르게 만들고자 한다. 러셀을 존경하는 사람들은 이전에 가진 직관들 사이의 관계를 명료하게 밝힘으로써 사물들의 의미를 분명히 하고자 한다.

헤겔과 하이데거, 그리고 이들을 존경하는 사람들은 당신의 직관뿐만 아니라 당신이 누구인지에 대한 당신 자신의 의미 및 가장 중요하게 생각하는 것에 대한 당신의 견해를 바꾸고자 희망한다. 에머슨의 언어를 써서 말하자면, 그들은 더 큰 원환을 그리고자 애쓰고 있다. 즉, 아직 기록되지 않은 공간으로 독자들을 유혹하고자 애쓰는 것이다. 이 공간에서 오래된 직관들은 누구에게나 열려 있고, 한가지 명료한 노선으로만 논쟁하기 어렵다. 그들이 무엇에 관해 말하고 있는지 전혀 명료하지 않기 때문에 제대로 이해했는지도 알기 어렵다는 말이다.

독자가 스스로 자신에 대한 이미지, 자신의 선호와 직관에 변화가 필요함을 일깨울 수 있도록 헤겔은 절대정신만이 참이라고 말하고, 하이데거는 언어가 존재의 집이라고 말한다.

당신이 각 문장마다 멈춰서 각 문장이 논증에 의해 잘 뒷받침되고 있는가를 스스로에게 물으면서 읽는다면, 이 책들[헤겔과 하이데거의 책]을 결코 다 읽지 못할 것이다. 이 책들을 잘 읽으려면 의혹을 잠시 미뤄두고 진행되고 있는 이야기의 흐름에 빠져들어서 당신이 따라가고 있는 대로 전문 용어를 익혀서 책 전반에 가장 공감이 가는 부분에 집중하면서 아직 도달하지 않은 부분으로 갈지 말지 결정해야 한다.

이 책들이 그런 움직임을 만들만큼 유혹적이라고 전혀 느껴지지 않아서 책을 놓는다면, 헤겔과 하이데거는 잘 봐줘야 실패한 시인들이고 최악의 경우에는 자아도취에 빠진 반계몽주의자라고 결론 내릴지도 모른다. 당신의 반응이 이렇다 해도 하등 걱정할 필요는 없는데, 저명한 현대 철학자들 여럿을 당신 편에 두고 있기 때문이다.

용어의 정의를 내리고 전제들을 나열하면서 한 노선으로만 논증하고자 하는 의지를 가지는 것은 러셀을 존경하는 대부분의 사람들에게 '좋은 철학함doing good philosophy'에 필수적인 것으로 여겨진다. 하지만 헤겔과 하이데거를 존경하는 사람들에게 정의 내리기와 전제 나열하기를 요청하는 것은 철학이 시도하는 변혁적인 과업을 꺼리는 것의 징후일 뿐이다.

분석철학과 비분석철학의 이러한 차이점을 보면 프레게와 러셀,

헤겔과 하이데거를 같은 분야로 다룰 필요가 있는지에 대해 의문을 가질 수 있다. 사실상 두 부류의 철학자들은 서로를 배척하는 시도를 하기도 한다.

분석철학자들은 종종 헤겔과 하이데거를 '진짜 철학을 하지 않는 이들'로 공격하고, 이에 대해 헤겔주의자와 하이데거주의자는 동료 분석철학자들을 친숙한 전문 영역 외에는 자신감이 없는 지적인 겁쟁이들이라고 반격한다. 이렇게 모욕을 주고받는 것이 대략 50년 정도 지속되었는데 쉽게 중단될 기미가 보이지 않는다.

내가 보기에 방금 언급한 네 명의 사상가들은 모두 함께 묶일 수 있는 사람들이다. 그들 모두가 플라톤에 의해 처음으로 명확하게 정식화된 다음과 같은 질문에 답하고자 애썼기 때문이다. '무엇이 인간 존재를 특별하게 만드는가?', '인간은 다른 동물이 가지지 못한 무엇을 가지는가?', '우리가 어떤 자기 이미지를 가졌을 때 우리의 고유함을 합당하게 다루는 것인가?' 등의 물음이 그것이다.

이 물음들에 대한 플라톤의 답변은 우리가 동물과 달리 우리 자신을 포함하는 사물들이 진짜 어떻게 존재하는지를 알 수 있기 때문에 특별하다는 것이다. 그는 우리가 가지는 자기 이미지가 보편적이고 무조건적인 진리를 파악할 수 있는 존재와 같은 이미지여야 한다고 역설한다. 이 진리는 상상적인 재서술의 산물도 아니고 우연적인 상황의 산물도 아니다. 프레게와 러셀은 플라톤의 대답이 대략적으로 옳았다고 생각했다. 그들은 플라톤이 답하고자 애쓴 다음과 같은 질문에 우리가 답을 하도록 돕는 것이 자신들의 일이라고 보았다. '우리의 믿음과 실재 사이의 관계, 즉 우리가 최소한 약간의 지식은 가질 수 있다고 단언하는 그 실재와 우리의 관계는 무엇인가?'

프레게와 러셀은 이전에 나온 답변들이 불충분하다고 생각했다. [프레게와 러셀은] 플라톤에서 칸트에 이르는 철학자들이 인간 존재가 실재를 표상하는 매개인 언어에 주목하는 데 실패했고, 그랬기 때문에 언어적 표상의 본질에 관해 충분히 반성하지 못했다고 비판한다.

이전의 철학자들은 논리적 형식에 온당하게 주의를 기울이지 않았고, 러셀의 기술이론이 해답을 제공했던 언어적 수수께끼에도 주의를 기울이지 않았다는 것이다. 러셀을 존경하는 사람들은 그런 수수께끼를 푸는 것이 언어와 세계의 관계, 나아가 진리의 본성을 이해하는 데 꼭 필요하다는 점을 깨닫기만 한다면 조지 4세와 스콧의 관계에 대한 논의가 별 의미 없다고 생각되지는 않을 것이라고 본다.

첫 번째 강의에서 말한 것과 같이 **니체는 무엇이 인간 존재를 특별하게 만드는가에 관해 플라톤과는 다른 답을 내놓았다.** 니체는 그 답이 우리 자신이 진짜 무엇인가를 알거나 우주가 진짜 무엇인가를 아는 능력이 아니라, **우리 자신을 새로운 무언가로 변화시키는 능력**이라고 말한다.

그는 플라톤이 제기한 현상과 실재 사이의 구분, 즉 대부분의 분석철학자들이 여전히 당연하다고 여기는 구분을 비웃는다. 헤겔과 하이데거를 진지하게 받아들이는 다수의 현대 철학자들은, 니체가 그랬듯이 현상과 실재의 구분이 가지는 효용성을 의심한다. 그들은 저 구분을 과거와 현재 사이의 구분, 곧 세계정신이 진보하기 이전 단계와 이후 단계 사이의 구분으로 대체하고자 한다. 그런 철학자들은 헤겔과 낭만주의 시인을, 플라톤주의에 대항하는 니체가 일으킨 반란의 선구자로 받아들인다.

인간 존재가 어떻게 자신의 주변에 더 넓은 원환을 계속해서 그려왔는가에 관한 헤겔의 이야기가, 인간은 자기 재서술을 통해 자기 창조를 달성할 수 있다는 니체의 주장이 나아갈 길을 마련한다고 보는 것이다.

대체로 이와 같은 방식으로 헤겔을 읽는 사람들은, 하이데거를 인간 존재의 특별함에 대한 플라톤과 니체의 의견 충돌을 중재하고자 한 최초의 사상가로 독해하는 것으로 나아간다. 그래서 하이데거의 후기 저술들이 서구 지식인들이 자기 지식을 얻기 위해 분투했지만 결국에는 자기 창조에 머물기로 한 과정에 관한 이야기라고 본다.

헤겔과 마찬가지로, 하이데거가 말하는 성숙의 내러티브는 인간 존재 일반에 관한 무언가를 말하고자 하는 시도가 아니라 **과거의 서구와 현재 서구 사이의 차이를 보여주고자 하는 시도**이다. 이런 부류의 이야기들은, 흄과 칸트에 의해 제기된 인간 지식의 범위와 한계에 관한 질문에 답하는 것과는 아무 관련이 없고, 프레게와 러셀에 의해 제기된 사물이 문장을 참으로 만드는 방법과도 아무 관련이 없다.

헤겔과 니체, 하이데거 전통을 따르는 철학자들은 내가 '보편주의적 위엄'이라고 부르는 것에 의심을 품는다. 이것은 수학과 수리물리학에서 성취되는 부류의 위엄이다. 數와 소립자 모두 전통적으로 신성한 것에 귀속시키던 견고함과 반박불가성을 나타낸다. 두 학문은 위대한 미의 구조들을 산출하고, 이와 동일한 충동이 플라톤으로 하여금 자신이 '진짜 실재'라 부른 것은 먼지 덩어리보다는 數에 가까울 것이라고 생각하도록 이끌었다.

최근 다수의 분석철학자들도 현대 물리학을 무엇보다 중요한 체제로 여기고, 이 체제 내에서 철학적 탐구를 수행하여 철학 자체를 과학으로 만들고자 한다. 다수의 분석철학자들은 물리학이 사물의 작동 원리뿐만 아니라 진짜 실재가 무엇인지도 말한다고 생각한다. 그래서 그들은 마음과 언어를 물리학의 그림에 들어맞게 하기 위해서 자연화된 인식론과 의미론을 발전시키는 것이 중요하다고 생각한다.

이것이 많은 분석철학자들이 '상대주의자'나 '비합리주의자' 혹은 '진리를 부정하는 사람들'로 묘사되는 자들에 맞서는 투쟁을 과학의 적에 대항해서 과학을 수호하는 것으로 생각하는 이유이다. 그들[분석철학자들] 중 다수는 갈릴레이 이전 시대 지식인들이 종교를 대하듯이 과학을 대한다. 즉, 과학을 인간의 마음이 초월적인 의미의 무언가와 대면하는 그런 장소로 생각한다. 그들은 물리학을 진짜 실재의 내재적 본성을 파악하는 활동으로 여기고, 모범적인 인간 행위라고 생각한다. 과학이 이러한 고상한 지위를 가진다는 사실을 인정하지 않는 것은 정신적인 퇴보의 징후로 간주될 뿐이다. 따라서 지난 세기 초반에 러셀은, 제임스가 '프래그머티즘pragmatism'이라 부르고, 옥스퍼드 대학 동료인 쉴러가 '휴머니즘humanism'이라 부른 사고방식에 반발해서 다음과 같이 주장한다.

> 영혼의 위대함은 우주를 인간과 동화시키고자 하는 철학에 의해서 촉진되는 것이 아니다. 지식은 자아와 비자아가 연합하는 형식이며, 다른 모든 연합과 마찬가지로 한쪽의 지배에 의해서 손상되기 때문에 우주를 우리 자신 안에 발견되는 것에 맞춰 강제하려는 시도에 의해서 손상된다. 인간이 모든 사물의 척도이며, 진리는 인간이 만든 것이라 말하는 시각으로 향하는 철학적 경향성이 퍼져 있다. … 이 시각은 … 참이 아니며, 참이 아닐 뿐만 아니라 철학적 관조가 부여하는 모든 가치를 박탈하는 효과를 내기까지 한다. … 자유로운 지성은 마치 신神이 보는 것처럼 볼 것이고 지금 여기에서 한정되어 보는 것이 아니며, 희망과 공포를 가지지 않으면서 그렇게 볼 것이다. … 차분하고 침착하게 지식에 대한 독점적이고 배타적인 갈망을 가지고 그렇게 볼 것이다. 이 지식은 비인격적이며, 순전히 관조적이며, 인간이 얻을 수 있는 그런 것이다.

네이글T. Nagel은 포스트모더니즘의 상대주의를 비판하면서 "인간이라는 뱀의 꼬리가 모든 것에 걸쳐 있다."는 제임스의 말을 경멸하는 러셀과 생각을 공유한다. 네이글은 자신이 '모든 사유의 가장 바깥쪽의 체제'라 부른 것을 '객관적으로 사실인 것에 대한 이해, 즉 주관적이거나 상대적인 단서 조건이 없는 사실인 것에 대한 이해'로 기술한다. 가장 바깥쪽의 가장 객관적인 체제에 대한 생각을 거부하고 모든 정당화는 특정한 시간과 공간에 따라 조명된다고 주장하는 프래그머티스트와 역사주의자에 대해 대응하면서 네이글은 다음과 같이 말한다.

> 판단의 유형이 협소한 관점을 표현한다는 취지의 주장들은 그 의도에 있어서 원래부터 객관적이다. 그 주장들은, 판단을 무조건적 맥락에 자리 잡게 하는 판단들의 참된 원천이라는 그림을 제안한다. 상대성이나 조건성에 관한 판단은 상대성 자체에 관한 판단에 적용될 수 없다. … 아마도 상대주의를 그 자신에게도 적용하면서 자신들을 프래그머티스트라 소개하는 상대주의자가 있을 것이다. 그러나 그렇다면 그들의 말에는 답변이 필요 없을 것이다. 왜냐하면 그들의 말은 상대주의자가 말하고 싶은 것에 대한 기록에 불과할 것이기 때문이다.

러셀과 네이글은 플라톤이 가지는 보편주의의 위엄에 대한 포부를 공유한다. 그들은 무조건적 진리 주장을 하는 것과 단지 말하고 싶은 모든 것을 말하는 것 사이에 어떤 타협점도 없다는 점에 동의한다.

상대주의는 보편에 도달하고자 하는 인간의 시도, 인간을 야만과 다르게 만들려는 포부 대^비 우리 인간의 낮은 수준의 욕망, 덧없는 감정, 정당화될 수 없는 별난 점 사이에 아무런 차이도 만들 수 없기 때문이다. 그러므로 지금까지 우리가 환경에 대처하기 위해 고안한 최선의 방법 중의 하나로 현대 물리학을 받아들여야 한다는 프래그머티스트의 주장은 러셀과 네이글에게 도덕적 우유부단함의 징후이자 지적인 오류라는 인상을 줄 뿐이다. 이와 마찬가지로 인간의 상상력을 '가두는 벽', 곧 인간 삶의 영구적인 경계는 없으며, 상상력의 확장을 통해 우리 자신을 변혁시킬 수 있는 부단한 기회들만이 있다는 에머슨의 주장도 오류다.

분석철학과 비분석철학 사이의 분열에 관해서는 이쯤하기로 하고, 이제 분석철학 내에서 진행 중인 논쟁을 살펴보고자 한다. 이 논쟁은 비트겐슈타인의 '사회적 실천'을 지지하는 이론가들과, 마음과 언어의 작동 방법을 이해하기 위해 인지과학을 지지하는 철학자들 사이에서 진행 중이다.

비트겐슈타인주의자들은 마음과 언어를, 기본적인 부품들이나 하나의 구조 혹은 내적인 작동법을 가지는 존재물로 다루는 것은 실수라고 생각한다. 그들은 그 안에 마음과 언어가 알맞게 분리될 수 있는 '믿음'이나 '의미'라 불리는 것들이 있다고 믿지 않는다. 비트겐슈타인주의자들은 인지과학자들이 마음이 언어와 마찬가지로 사회적 현상이지 귀와 귀 사이에 자리하는 무언가가 아니라는 점을 이해하지 못했다고 생각한다.

비트겐슈타인주의자와 인지과학 지지자 모두, 인간 존재가 특별한 것은 인간이 언어와 마음을 소유했기 때문이라는 점에는 동의한다. 또한, 그들은 우리가 현대과학과 합치되는 방식으로 마음과 언어에 관해 말해야 한다는 점도 동의한다. 즉, 플라톤과 아우구스티

누스, 데카르트가 가정했던 비물리적 존재물에 호소하지 않고 말해야 한다는 것이다. 그러나 유사한 점은 여기까지이다.

인지과학자들은 심리학을 신경학과 연결시키고자 하는데, 이는 화학이 물리학 및 생물학과 결합되는 것과 대략적으로 동일한 방식을 취한다. 그런 학자들은 어떤 면에서 마음이 곧 뇌라고 말하는 것이 유용하고 중요하다고 본다. 그래서 믿음과 의미가 어떻게 물리적 입자들의 집합체인 인간의 중추 신경계 안에서 있을 수 있는가를 보여주기 위해서 '믿음'과 '의미' 같은 개념들을 분석하는 데 많은 시간을 할애한다.

이와는 대조적으로 비트겐슈타인주의자는 마음과 뇌를 동일시하는 것이 완전히 잘못된 생각이라고 말한다. 그들은, 인지과학자들이 물질에 작용하는 것이 마음에도 작용할 것이라는 점을 당연하게 받아들이고 있다고 비판한다. 즉, 이는 거시 구조적 행동을 미시 구조적 요소들 사이의 상호교섭 작용으로 구체화해서 설명하는 것과 다름없다는 것이다.

비트겐슈타인주의자는 뇌가 어떻게 작용하는지에 관해 발견되어야 할 것이 많다는 점에는 동의하지만, 이상적인 신경생리학이라고 할지라도 마음이나 언어에 관해 흥미로운 무언가를 말할 수 있으리라는 점에 관해서는 의심을 거두지 않는다.

컴퓨터가 단지 하드웨어가 아닌 것처럼 마음도 곧 뇌는 아니기 때문이다. 마음과 뇌, 문화와 생물학은 마치 실리콘 칩과 프로그램처럼 서로 간에 자유롭게 오갈 수 있기 때문에, 마음과 뇌는 독립적으로 연구될 수 있고 또 연구되어야 한다.

마음과 언어를 이해하는 것은 문화를 이해하는 것, 특히 우리가 현재 참여하고 있는 사회적 실천들의 진화를 이해하는 문제라고 비트겐슈타인주의자들은 말한다. 문화적 진화는 분명 생물학적 진화가 일정 수준에 도달하기 전까지는 시작될 수 없다. 그러나 신경학과 결부해서 또 진화생물학과 결부해서 인간의 행동을 해명하는 것은 잘해봐야 우리가 침팬지와 공유하는 것에 관해 말해줄 수 있을 뿐이다. 우리는 우리 조상들의 사회적 실천이 어떻게 점진적으로 우리의 것으로 변형되었는가에 관한 내러티브를 구축하고 이야기를 전하면서 조상들과 우리를 매개하는 과정에 관해 배울 수 있다.

이 '사회적 실천' 이론가들은 우리의 유일무이함을 설명하기 위해 비물질적 존재물들을 가정할 필요가 없음을 보여주는 최선의 방법이 동물의 으르렁 소리가 어떻게 인간의 언어로 변형되었는가에 관한 이야기를 하는 것이라고 생각한다.

동물의 소리가 인간의 언어가 된다는 브랜덤의 주장이 사피엔스라는 종의 구체적인 예가 되기 위해서는 일련의 소리들이 사회적 규범에 의거해서 명확히 비판할 수 있는 것이 되어야 한다. 유기체들이 자신들이 잘못된 소리를 만들어 왔다는 것을 서로에게 말하기 시작할 때 언어가 순조롭게 시작된다. 즉, 누군가가 이러한 상황에 맞춰 만들기로 한 소리가 아니라는 것을 말할 수 있어야 한다는 것이다. 유기체들이 무언가를 말하거나 행하는 조악한 이유들을 서로에게 댈 수 있을 때, 언어는 충분한 궤도에 오르게 된다.

사회적 규범은 그럴듯한 이유와 조악한 이유를 구별할 수 있게 하며 그에 따라 합리적 존재를 가능하게 한다. 이러한 사회적 규범은 원인hominid이 다음과 같은 것을 깨달았을 때 이미 자리하고 있다. 원인hominid은 '기역'이라고 으르렁대다가 이어서 '니은'이라고 으르렁대지 않았을 때 회초리로 맞았을 수도 있다. 그러나 이 규범은 브랜덤이 '이유를 제시하고 묻는 게임'이라고 부른 것이 명확해진 수십만 년 이후에야 등장한다. 그 시기에 으르렁거리는 자의 후손들은 자신들이 '기역'이라고 소리를 내고 이어서 '니은'이라고 말한 다음에, 그렇게 말한 이유를 제대로 대지 못하면 비판받아 마땅하다는 사실을 깨닫는다.

비트겐슈타인주의자의 이런 관점은 철학이나 인지과학이 연구할 만한 뉴런들과 사회적 실천들 사이의 중간 매개가 없다는 주장으로 요약될 수 있다. 인간 존재를 특별하게 만드는 것을 연구하고자 한다면 그러한 사회적 실천들, 곧 문화를 연구해야 한다.

우리에게 하드웨어와 소프트웨어 사이의 다리가 필요하지 않은 것처럼, 뉴런과 실천 사이에도 다리가 없으며 필요하지도 않다. 소프트웨어는 하드웨어를 활용하기 위한 방법일 뿐이며, 문화는 우리의 신경 장치를 활용하기 위한 방법일 뿐이다. 하드웨어의 작동 방법을 이해하는 것과 그 활용법을 이해하는 것은 꽤 다른 것이다.

현대 분석철학 내에서 일어나는 마음과 언어에 관한 전투는 여기까지 개괄하기로 하자. 하지만 이 전투는 공통의 문제들에 대한 대안적인 해결책을 찾는 것과는 무관하다는 점이 명료하게 밝혀졌기를 바란다. 이 전투는 근대 철학의 전통적 문제들을 진지하게 받아들이는가 아니면 한쪽으로 제쳐두는가에 관한 것이다. 이 전투가 꽤 지속하는 동안 철학자들은 자신들이 무슨 일을 해야 하는지, 자신의 학문 분야에 대해 가져야 하는 자기 이미지가 무엇인지에 관한 불일치가 점점 더 커지게 되었다. 이 쟁점에 대한 나의 설명이 여전히 보편주의적 위엄에 대한 열망을 가지는 네이글과 같은 철학자들이 비트겐슈타인과 데이비드슨을 문화적 재앙으로 보는 이유를 설명하는 데 도움이 되었으면 한다.

러셀 같은 학자가 구상하는 철학적 분석은 믿음의 요소들로 따로 떼어내어 취급할 수 있는 개념이나 의미와 같은 것이 존재한다는 전제를 요청한다. 그러나 비트겐슈타인이 제안하는 것과 같이, 개념이 단어의 용법일 뿐이고 철학자들이 관심을 가지는 단어의 적절한 용법이 줄곧 논란의 대상이 될 수밖에 없는 것이라면 철학적 분석이 어떤 도움을 줄 수 있을지는 명료하지 않다.

왜냐하면 개념의 윤곽을 발견해 왔다는 철학자의 주장은 단어에 대한 설득력 있는 재정의일 뿐이기 때문이다. 비트겐슈타인의 관점에서 보면, '개념적 혼란'에 대한 철학자들의 진단은 지금까지 진행된 것을 명료하게 만드는 방식이라기보다는 문화적 변혁을 지속하는 의뭉스러운 방식처럼 보인다.

　의미에 대해 제기되는 동일한 문제가 믿음에도 제기된다. 이 문제에 대한 반비트겐슈타인주의자의 접근법은 마음이 심적 표상들의 총합이라는 전제를 요청한다. 그러나 데이비드슨 같은 철학자는 어떤 이가 가지는 믿음이 무엇인가를 알아내는 것은 그 사람의 뇌 속 '믿음 상자belief box'에 어떤 표상이 있는가를 알아내는 문제가 아니라, 그 사람의 주장을 참으로 만들고 또 그 사람의 행동을 합리적인 것으로 만들기 위해 그의 행동을 해석하는 문제라고 주장한다.

　비트겐슈타인과 데이비드슨이 공통적으로 가지는 그림에 따르면, 한 사람의 기획[행동의 의도]을 우리 자신의 기획으로 통합시키면서 그 사람의 행동에 대응하는 방법을 배우기 위해서 우리는 개념과 믿음을 그 사람에게 귀속시킨다. 사람들이 만드는 단어의 용법이 변하기 때문에 이러한 귀속을 가능하게 하는 기준들은 부단한 흐름 속에 존재한다. 그러한 변동은 명료성과 정확성이 결여된 바람직하지 않은 능력이 아니라 상황에 적응하기 위한 바람직한 능력이다.

　우리가 의미와 믿음을 한 사람의 행동에 귀속시키는 것을 더 전일적으로 다루면 다룰수록, 우리가 '개념적 분석'이라는 용어의 용법으로 삼을 수 있는 것이나 인지과학이 인간 존재가 진리를 얻는 방법을 이해하는 것을 도울 수 있다는 주장의 용법으로 삼을 수 있는 것은 더 줄어든다. 데이비드슨의 시각에서 진리는 믿음과 주장이 비언어적 실재의 일부와 우연히 마주치면서 생기는 그런 것이 아니다.

이러한 부류의 만남을 전문적으로 다루는 것이 인지과학자들의 일이다. 데이비드슨에게는 참된 믿음과 그 믿음이 말하는 것 사이에 발견될 수 있는, 흥미로운 동형성은 없다. 이러한 부류의 동형성을 러셀과 그의 지지자들은 당연하게 여겼지만 말이다. 그래서 우리는 '실재와의 대응'을 하나의 메타포로, 즉 고집해서는 안 되는 어떤 것으로 다뤄야 한다. 그렇게 함으로써 우리는 러셀이 이 문제를 풀기 위해서 원용했던 프레게의 논리적 형식 개념이라는 퍼즐을 한쪽으로 제쳐놓을 수 있다.

다수의 분석철학자들이 분석철학을 잘 배우면 개념적 명료성을 얻을 수 있다는 주장을 반기는 것처럼, 러셀과 러셀의 지지자들은 자신들의 분야가 과학이라는 안전한 경로에 올라갔다는 사실을 대단히 자랑스럽게 여긴다. 비트겐슈타인과 셀라스, 데이비드슨이 의심스러운 눈초리를 받는 이유 중 하나는, 의미가 아니라 용법만을 물어야 한다는 그들의 주장을 진지하게 받아들이면 반계몽주의와 궤변술로 가는 문을 열어두는 것이 아닐까에 대한 공포에 있다. 우리가 연구할 만한 의미 같은 것은 없으며, 우리가 추적해야 하는 것은 끊임없이 변화하는 단어의 용법뿐이라면 지금까지 이뤄온 '개념적 명료성'과 같은 것은 없을 것이기 때문이다.

우리가 풀어야 할 '개념적 질문들'과 같은 것이 있다는 주장을 기꺼이 포기하고자 하는 철학자들은 철학은 개념적 분석보다는 내러티브에 만족해야 한다고 생각한다. 이러한 시각에서 보면, 마음과 언어의 작동 원리를 이해하기 위해 우리가 할 수 있는 최선의 방법은 '이야기하기'이다. 이것은 셀라스와 브랜덤이 말한 종류의 이야기인데, 메타언어적이고 심상적인 어휘들이 어떻게 시간을 견디며 존재하게 되었는가에 관한 이야기이자 문화적 진화가 어떻게 생물학적 진화를 점진적으로 대신하게 되었는가에 관한 이야기이다.

문화적 진화에 대한 이야기는 우리가 어떻게 나무에서 벗어나 동굴로 갔는지, 동굴에서 벗어나 마을로 갔는지, 마을에서 벗어나 법원과 사원으로 가게 되었는지를 상세하게 서술한다. 이러한 내러티브가 우리에게 주는 이해는 여러 이질적인 사물들을 동일한 기저를 가지는 과정의 표현으로 보면서 얻을 수 있는 종류의 이해가 아니다. 오히려 이는 우리 일상의 사회적 실천을 지나간 과거와 앞으로 올 미래의 사회적 실천과 비교하면서 우리의 상상력을 확장하는 것에서 올 수 있는 종류의 이해이다.

나와 마찬가지로 비트겐슈타인 지지자들은 '물리적 입자들의 세계에서 심적 표상이나 의미, 가치의 위치는 어디인가'에 관한 철학적 질문을 포기해야 한다고 생각한다. 그들은 입자에 관한 이야기와 믿음에 관한 이야기, 해야 할 일에 관한 이야기 등을 뚜렷한 목적을 충족시키는 문화적 활동으로 간주한다.

이 활동들은, 농구와 크리켓이 브릿지 게임과 체스에 딱 맞을 필요가 없는 것과 마찬가지로 체계적인 방식으로 딱 맞을 필요가 없다. **만일 우리가 어떻게 지금의 우리가 되었는지, 왜 우리가 지금 쓰**

는 것처럼 단어를 사용하는지에 대한 그럴싸한 내러티브를 가진다면, 우리는 우리 자신을 이해하기 위해 필요한 모든 것을 가진 셈이다. 우리는 러셀이 '자기와 비非자기의 연합 형식으로서의 지식'이라고 부른 것을 포기할 수 있고, 네이글이 '무조건적 맥락'이라 부른 것을 얻고자 애쓰지 않아도 된다.

이는 곧 그 맥락이 아무리 포괄적이라 해도 모든 맥락은 결국에는 더 큰 또 다른 맥락에 포섭될 것이라는 에머슨의 예언에 대한 저항을 멈추는 것이다. 우리는 인간의 상상력에 경계 짓기를 멈추고 무한한 확장 가능성을 가지는 상상력을 누릴 수 있다.

일단 우리가 무조건성을 포기하게 되면, 견고한 사실로 점차 파고드는 메타포뿐만 아니라 지배적인 거대 구조를 올려다보는 메타포 또한 사용하길 멈추게 될 것이다. 견고함을 단지 비논쟁적인 것으로 다룰 수 있을 것이며, 후기 비트겐슈타인이 그랬던 것처럼 우리가 여태까지 논리학을 숭고한 무언가로 생각했던 이유를 이상하게 여기게 될 것이다.

대신에 우리는 논리학을, 브랜덤이 그랬던 것처럼 우리의 사회적 규범을 명확하게 하기 위한 하나의 장치로 생각하게 될 것이고 이러한 변화는 지적 진보에 대한 수직적 메타포를 수평적 메타포로 대체할 것이다. 그렇게 해서 마음 혹은 언어가 단번에 싹 바로잡힐 수 있는 것이라는 생각도 버릴 수 있을 것이다.

내가 이미 제안한 것과 마찬가지로, 헤겔을 진지하게 받아들이는 철학자들은 인간 존재 일반을 특별하게 만드는 것에 관한 질문을 지금 우리가 있는 시공간에서 우리를 특별하게 만드는 것에 관한 질문으로 대체한다.

그렇기에 브랜덤이 자신을 신新헤겔주의자neo-Hegelian라고 묘사한 것이 놀랍지만은 않다. 헤겔주의 철학에 빠져들면 들수록 모든 시간과 공간에 걸쳐 인간이 공유하는 것, 즉 시간과 공간이 달라져도 변하지 않는 것에 관한 질문은 우리가 어떻게 조상 및 이웃들과 차별화되는지, 또 우리의 후손들과는 어떻게 차별화될 수 있을지에 관한 질문으로 대체된다.

헤겔주의자에게 가장 중요한 인간 활동은 무언가를 바로잡는 것이 아니라 과거를 다시 해석하고 맥락을 다시 만드는 것이다. 즉, 과거를, 더 나은 상상력을 가지는 새로운 맥락 속에 끼워 넣는 것이다.

무엇을 중요하게 생각할 것인가에 관한 이러한 의견 차이는 내가 '내러티브 철학'으로 표현한 헤겔에서 니체, 하이데거로 이어지는 비분석철학적 전통이 '해석학적 철학'으로 불리는 이유를 설명해준다.

'해석학hermeneutic'이라는 용어는 단번에 바로잡힐 수 있는 것에서 재해석되고 재맥락화될 수 있는 것으로 관심이 변화했음을 암시한다. 이것이 바로 브랜덤이 합리적 탐구의 모범적인 예가 물리적 미세구조의 발견이 아니라 관습법이라고 말한 이유이다.

마찬가지로 문학비평도 하나의 모형이 될 수 있는데, 문학비평이 가지는 필연적인 비결정성은 브랜덤이 인용한 엘리엇T. S. Eillot의 말에 의해서 잘 드러난다. "예술 작품이 창조될 때 일어난 일은 그보다 선행하는 모든 예술 작품에 동시적으로 일어난 일이다."

브랜덤은 헤겔이 우리에게 한 개인이라는 개념을 생각하는 법을 가르쳤다고 말하며, 엘리엇의 요점을 부각시킨다. 우리는 한 개인의 역사를 이해했을 때만 그를 이해했다고 할 수 있다. 한 사람이 진짜 어떤 사람인지에 관한 질문에 대한 최선의 답변은 그 사람의 최근 행적이 자리 잡을 수 있는 맥락을 제공하는 그의 과거를 이야기하는 것이다.

이와 유사하게 개념이 무엇인가에 관한 질문에 가장 알맞은 응답은 어떤 특정한 단어들의 용법이 과거부터 변화해온 방식에 관해 이야기하는 것이며, 이러한 답변은 단어들이 지금처럼 사용되게 된 상이한 방식에 대한 기술로 이어진다.

단어의 상이한 사용 방식들이 다른 용법과 구별될 때, 또 각 단어가 과거에 어떻게 사용되었는지에 관한 그러한 내러티브 내에서 차지하는 위치를 알 수 있게 될 때 명료성이 성취된다. 이 명료성은, 우리가 한 사람의 삶의 이야기를 알게 되고 그 이야기를 상황에 대입시킬 때 더 큰 공감을 느낄 수 있는 것과 유사하다.

내가 이 강의에서 추천하고 있는 헤겔주의자의 시각에서 본다면, **인간은 이해되어야 하는 본성을 가지는 것이 아니라 재해석되어야 하는 역사를 가진다.** 인간은 사물들에 대한 보편적 도식 안에서 존재하지 않고, 우주의 지배력과 특별한 관계가 있지도 않다. 그렇지만 인간은 상상력이 점점 더 가미됨에 따라 풍부해지는 이야기를 할 수 있다. 유한한 피조물인 인간의 자기 서술은 인간이 자신의 유한성을 기꺼이 수용하고 있다는 점을 보여준다.

내일 있을 세 번째 강의에서는, 그러한 수용을 가능하게 하는 데 있어서 **낭만주의 운동이 어떤 역할을 하는지**에 대한 논의로 돌아가 보고자 한다.

"상상력은 진리가 아니라 참신성에 접근하는 수단이다."

"낭만주의가 끝없는 희망을 이야기하는 철학이라면,
프래그머티즘은 유한성을 이야기하는 철학이다."

3

낭만주의와 내러티브 철학,
인간의 유한성

우리는 지난 강의에서 분석철학과 내러티브 철학을 구분했다. 분석철학자들은 인간의 역사를, 에머슨이 존재하지 않는다고 말한 '가두는 벽'이라는 제한선 안에서 펼쳐지는 일종의 드라마로 본다.

이 벽은 상상력의 경계, 곧 일관성 있는 사색의 한계를 설정하고, 이 한계들은 언어와 지식, 도덕적 숙고 등이 가능한 조건을 분석하면서 발견된다.

반면에 내러티브 철학자들은 '우리에게 경계는 없다.'는 에머슨의 말에 동의하고, 철학은 잘해야 시대 속의 사유일 뿐이라는 헤겔의 주장을 받아들인다. 그들은 **분석되어야 할 단어들의 의미가 있는 것이 아니라 서술되어야 할 단어들의 용법이 있을 뿐이라는 비트겐슈타인의 말에도 동의**한다. 이때 단어들의 용법은 부단한 변화 속에 있으며 또 있어야 한다. 발견되어야 할 보편적이고 필연적인 진리는 없고, 단지 수용되거나 거부될 수 있는 사회적 실천이 있을 뿐이다.

이 강의 자체가 내러티브 철학의 예시이기도 하다. 나는 당신이 보편적 진리 문제들과 거리를 유지했으면 한다. 비트겐슈타인과는 다른 노선을 걷는 분석철학자들은 보편적 진리 문제가 어떻게 생겨났고 이 문제가 어떻게 해체될 것인가에 관해 이야기하면서 여전히 이 문제를 진지하게 여긴다.

여기서 문제시되는 물음들은 세계 안에서 사물들이 드러나는 방법, 우리의 믿음과 문장을 참으로 만드는 방법에 대한 질문과 인간 지식의 본질과 범위, 마음과 뇌의 관계에 대한 질문들을 포함한다. 그런 질문들은 자연과학의 미립자 연구와 이른바 '세계를 휩쓴 기계화'의 결과로 17세기에 두드러지게 나타났다.

17세기를 거치면서 플라톤과 아리스토텔레스보다 원자론을 주장한 데모크리토스Democritus와 루크레티우스Lucretius가 사물의 작동 원리를 바르게 추측했다는 것이 분명해졌다. 로크와 스피노자, 흄, 칸트와 같은 학자들은 이에 대한 자신의 사유를 전개했고, 이 논의는 문화의 세속화와 민주주의 혁명이 진행되는 과정에서 중요한 역할을 하게 된다.

그러나 칸트의 시대에 이르러서는 이 문제들에서 더 이상 얻어낼 것이 없었다. 칸트가 살아 있는 동안 지식인들의 관심이 프랑스 혁명과 낭만주의 운동으로 말미암아 과학과 종교, 도덕의 관계에 관한 질문에서 딴 곳으로 돌려졌기 때문이다.

헤겔은 이 두 사건[프랑스혁명, 낭만주의 운동]의 중요성을 알아

채고 역사성을 철학적 탐구의 근본 전제로 바꾼, 고전적 의미에서 가장 위대한 철학자였다. 19세기 말에 도달해서야 다수의 철학과 교수를 포함해서 지식인들 대부분이 철학의 기능이 인간이나 진짜 실재의 본래적 본성에 관한 이론을 제공하는 것이 아니라, 과거를 재해석해서 미래를 변화시킬 수 있도록 돕는 것이라는 확신을 갖게 되었다.

그럼에도 몇몇 나라의 철학과 교수들은 헤겔 시대 이전의 문제 설정 틀에 매달리고자 했다. 영국의 러셀이나 독일의 후설 같은 철학자들은 수학을 합리적 사고의 모범적인 예로 생각했고, 서양 근대 철학사 속 최고의 자리를 헤겔에게 양도하길 거부하고 여전히 칸트를 철학적 탐구의 전형으로 보존하고 싶어 했다. 영어권에서는 러셀의 진취성이, 지금 우리가 철학에서 '분석철학'으로 생각하는 것을 창조하도록 도왔다. 이 전통은 철학의 초점을 의식과 정신 외부적 실재 사이의 관계에서 언어와 언어 외부적 실재 사이의 관계로 전환함으로써 17세기의 문제 설정 틀을 소생시키고자 했다.

하지만 이와 같은 언어로의 전회는 다시 헤겔 쪽으로의 방향 전환을 가능하게 했다. 다시 말해서 후설과 러셀이 철학에서 추방시키고자 했던 역사주의를 재발견하는 방향으로 전환한 것이다. 경험주의, 더 일반적으로 말해서 표상주의와의 절연絕緣은 비트겐슈타인의 『철학적 탐구Philosophical Investigations』에서 시작되었다.

그 뒤를 잇는 셀라스와 데이비드슨, 브랜덤의 저작은 영어권 철학을 칸트에서 헤겔에 이르는 독일 관념론의 경로로 다시 인도했다.

이러한 전개는 몇몇 분석철학자들로 하여금 '논리학은 철학의 정수精髓다.'라는 러셀의 격언을 불신하게 했고, 많은 비분석철학자들로 하여금 필연적인 진리에 대한 탐색만이 우리를 비합리주의로부터 구제할 수 있다는 후설의 주장과 절연하게 했다.

앞선 두 강의에서는 인간과 우주적 질서 사이의 관계에 관한 열망과 더 다채로운 미래를 창조하기 위해 과거를 넘어서고자 하는 열망 사이의 대략적인 차이점을 밝히는 데 강조점을 두었다. 전통적인 로고스 중심주의가 필연성과 보편성을 부여하는 능력인 이성Reason을 신격화하는 것을 낭만주의가 상상력Imagination을 숭배하는 것과 대조시켜보고자 했다. **이번 마지막 강의에서는 낭만주의를 프래그머티즘과 연계시키면서, 이 둘이 서로를 아주 잘 보완한다는 사실을 밝혀보고자 한다.**

낭만주의는 상상력이 작동하지 않는다면 이성이 할 수 있는 일은 없으며, 이는 우리가 사유할 것이 없다는 점을 뜻한다고 말한다. 프래그머티즘은 상상력이 이성의 활동을 방해하는 것이 아니라고 주장한다. 이성의 활동이 수학과 실험과학, 법학 같은 사회적 실천이 되고 나면, 이 활동은 스스로를 규제할 수 있으며 자율적이라고 인정해야 한다.[7] 상상력 있는 천재가 우리가 새로운 게임을 할 수도 있

---

7   여기서 로티는 상상력과 이성의 활동이 일정 부분은 구분되지만 상호보완적이라고 말하

다고 제안하는 것과 불법적인 규칙을 만들어서 현재의 게임을 방해하는 것은 완전히 별개의 문제이다.

제임스와 듀이는 사물의 본래적 존재 방식과 일치하고자 하는 목표를 포기하고 인간 삶을 더 다채로운 것으로 이끄는 목표에 만족할 것을 우리에게 요청한다. 그들의 제안이 그럴듯하게 들릴 수 있는 이유는 낭만주의가 플라톤주의의 배후를 이미 공격했기 때문이다.

벌린I. Berlin은 낭만주의를 '서구에서 가장 심오하고 가장 오래 지속되는 모든 삶의 변화들'이라고 잘 묘사하고 있다. 그는 낭만주의자가 중요한 이유를 다음과 같이 설명한다. 낭만주의자들은 인간이 처한 상황을 '조각 퍼즐 맞추기'로 보는 시각에 최초로 의문을 던진 사람들이다. 벌린은 조각 퍼즐 맞추기의 시각을 다음과 같이 서술한다.

이 조각들을 끼워 맞출 방도가 틀림없이 있다. 모든 것을 아는 인간, 즉 전지적 존재는, 원리적으로 ⋯ 다양한 조각들을 하나의 정합적인 유형으로 정확하게 맞출 수 있다. 이를 행하는 어떤 사람이라도 세계가 어떻게 존재하는지 알 것이다. 즉, 사물은 무엇이고 또 무엇으로 존재해 왔는지, 무엇으로 존재할 것인지, 사물을 지배하는 법칙은 무엇인지, 인간은 무엇인지, 사물에 대한 인간의 관계는 무엇이어야 하는지, 그리하여 인간이 필요로 하고 원하는 것은 무엇이며, 또 어떻게 얻을지 등에 관한 답을 얻을 수 있다.

고 있는 듯하다. 즉, 낭만주의는 이성이 상상력에 의존한다고 말하지만, 프래그머티즘은 상상력과 이성이 상호보완적이라는 점을 강조한다.

조각 퍼즐 맞추기와 같은 시각에서 보면, 철학은 이미 통용되는 직관들을 정합적으로 만드는 것에 국한되어야 한다. 즉, 직관들을 이용 가능한 어휘들 안에서 표현할 수 있게 만드는 것이다. 이러한 시각에서 보면 우리 삶에서 새로운 어휘들은 필요하지 않으며, 철학에서 상상력이 할 만한 역할도 없다.

이러한 조각 퍼즐 맞추기 시각이 가지는 커다란 문제점은 과학적 진보와 도덕적 진보의 속도가 다른 이유를 잘 설명하지 못한다는 점이다. 갈릴레오가 자기 이론의 증거로 이용하던 경사면과 탄환의 궤적이 아리스토텔레스의 이론에 이미 등장했었다는 사실을 고려하면, 아리스토텔레스가 갈릴레오적 역학을 떠올리지 않았다는 사실은 당혹스럽게 느껴진다.

도덕성의 원천에 대한 칸트의 개념도 유사한 당혹감을 일으킨다. 칸트에 따르면 모든 인간은 모든 시공간에서 도덕 법칙과 동일한 정도로 친숙하다. 그리하여 칸트가 '근본악'이라 부른 것, 즉 선을 알면서 악을 행하는 것이야말로 아리스토텔레스가 노예제를 지지한 이유를 해명할 수 있는 유일한 근거이다. 조각 퍼즐 맞추기 시각에서 합리적이라는 것은 조각들을 끼워 맞출 수 있는 기운과 근성을 가지는가, 즉 이미 명증한 것과 씨름할 수 있는가의 문제이다. 그런 시각 안에는 아리스토텔레스와 갈릴레오가 서로 다른 세계에 살았다는 토마스 쿤의 주장이나, 도덕성은 사회경제적 조건의 산물이라는 마르크스주의자의 주장이 끼어들 여지는 없다.

벌린은 '인간의 사유에 있어서 이념들은 발견되는 것이 아니라 발명되는 것이며, 찾아내는 것이 아니라 예술이 생성되는 것처럼 생성되는 것이다.'라고 말한 실러를 인용한다.

내가 아는 한 어떤 낭만주의자도 도덕적 이념과 정치적 이념뿐만 아니라, 자연 과학과 상식의 개념까지 생성된다고 말하는 데까지 나아가지는 못했다. 나는 이 강의에서 도덕적 개념과 정치적 개념의 기원에 관한 실러의 주장을 뒷받침하는 데 원용될 수 있는 모든 역사적 논증이 다른 개념들의 기원에도 적용될 수 있다고 주장하고자 한다. 실러가 그렇게 말한 뒤 200여 년 남짓한 시간 동안에 역사주의는 도덕철학과 정치철학에서 과학철학과 인식론, 언어철학으로 점진적으로 번져나갔다.

우리가 지금까지 살펴본 보편적이고 필연적인 진리를 탐색하는 철학자들과 이야기를 말하는 철학자들 사이의 긴장 관계가 바로 그 결과라고 할 수 있다. 러셀과 후설의 정신에 변함없는 충실함을 보이는 철학자들은 우리의 직관들을 그 직관들 사이의 조화에 합류시키고 그렇게 해서 정합적인 개념 구조를 밝혀내는 것이 철학의 과업이라는 사실을 당연시한다. 이 정합적인 개념 구조가 의미있는 담론의 경계를 정한다. 즉, 이 구조가 의미 있는 담론과 그렇지 않은 담론을 구분지어 준다는 것이다.

그러나 내러티브 철학자들에게 이 문제는 의미와 무의미를 구별하는 것이 아니다. 오히려 이 문제는 상식이었던 것이 어떻게 점진적으로 거의 이해할 수 없는 것으로 되어가는지, 또 한때 미친 소리처럼 들렸던 것이 어떻게 점진적으로 논란의 여지가 없는 것으로 받아들여지는지를 우리가 이해할 수 있도록 돕는 것과 관련된다.

분석철학을 창시한 사람들의 관점에서 보면, 정합성은 지성의 궁극적인 탁월함이다. 내러티브 철학을 창시한 사람들의 관점에서 보면, 정합성과 상상력이 그 영예를 공유하는데, 상상력이 낡은 단어들에 새로운 용법을 부여하기 때문이다.

합리성은 우리의 믿음과 욕망이 가지는 정합성을 탐색하지만, 상상력은 새로운 믿음의 후보와 새로운 욕망의 사물들을 제안한다. 상상력은 퍼즐에 새로운 조각들을 추가하고 몇몇 낡은 조각들을 탁자 위에서 싹 치워버리자고 제안한다. 근대 서구에서 저마다의 새로운 세대는 이전 세대가 풀고자 시도해 온 퍼즐과는 다른 상이한 퍼즐과 직면하면서 자신을 새롭게 발견해 왔다.

경합하는 믿음들과 욕망들 중에서 하나를 정하기 위해서 몰역사적이고 고정된 기준을 탐색하는 것은 조각 퍼즐 맞추기 시각의 산물이다. 이 시각에 따른다면, 우리가 퍼즐의 모든 조각들을 손에 쥐고 있다면 비록 퍼즐을 푸는 사람들 사이에 그 조각들을 딱 맞게 하는 방법에 관해서는 의견 불일치가 있겠지만, 겉보기에 맞는 것과 진짜 딱 맞음을 분간하기 위한 기준은 필요한 것처럼 보인다.

하지만 낭만주의자들은 다음과 같이 말함으로써 플라톤주의와 극적으로 결별한다. 욕망된 것을 결정할 기준은 없다. 즉, 그 기준

자체가 상상력의 검토 대상이 아닌 그런 기준은 없다는 것이다. 벌린은 이 사실을 다음과 같이 말한다. "낭만주의가 한 일은 가치와 정치, 도덕, 미학에 있어서 인간 존재들 사이에서 작동하는 객관적인 기준 같은 것이 있다는 생각을 약화시킨 것이다. 즉 이러한 객관적 기준을 사용하지 않는 사람은, 수학이나 물리학에서 그런 것처럼, 거짓말쟁이나 광인이라는 생각을 서서히 물리친 것이다."

위 인용구에서 벌린은 수학과 물리학은 그런 종류의 객관적인 기준을 제공한다고 주장한다. 그러나 나는 이 영역들마저도 애초에는 정신이상자로 의심받았던, 상상력 있는 사람들의 시도 덕분에 진일보했다는 점을 그가 기꺼이 용인했을 것이라고 생각한다.

터너Turner와 세잔Cézanne이 다수의 아카데미 화가들에게 미친 사람처럼 보인 것과 마찬가지로, 칸토어Cantor는 다수의 보수적인 수학자들에게 그렇게 보였다. 아인슈타인의 경이적인 해인 1905년이 지난 몇 년 후까지도 여전히 많은 물리학자들은 아인슈타인을 괴짜 정도로 생각했다.

벌린이 낭만주의야말로 객관적 준거가 하늘에서 떨어지는 것이 아니라 그 준거 자체가 역사적 산물이라는 점을 알아차릴 수 있게 했다고 말했다면 더 좋았을 것이다. 낭만주의는 우리가 믿음과 욕망을 선택하기 위한 '합리적 기준'이라고 부르는 것이 상상력을 전제로 하는 파악에 열려 있는 만큼, 합리적 기준도 이 믿음과 욕망들이 체계화되는 어휘들에 열려 있다고 제안한다.

우리가 다음과 같이 생각한다면, 프래그머티즘과 낭만주의는 서로 대립하는 것처럼 보일 것이다. 프래그머티즘이 우리에게 실천가능성을 기준으로 채택하라고 권하는 반면, 낭만주의는 우리에게 상상력이 유일하게 중요하다고 말한다고 생각한다면 말이다.

우리가 프래그머티즘을 이론의 선택이나 도덕적 딜레마의 해결을 위한 공리주의 계산법의 어떤 응용 버전 정도로 해석한다면 프래그머티즘은 터무니없는 것처럼 보일 것이다. 낭만주의에 대해 추론을 영감으로 대체하고자 하는 시도로 생각하거나, 진정성이 논증을 이긴다는 단언으로 생각한다면 그것 또한 우스꽝스럽게 보일 것이다.

이 강의에서 나는 그 두 흐름을, 하나의 주장을 구축하는 제안으로 다루지 않고, 플라톤주의의 영향에서 벗어나고자 하는 방도들로 다룸으로써 좀 신선한 느낌을 주고자 한다. 이 두 흐름은 아리스토텔레스적인 명백한 정당성을 가지는 기준을 적용해서 아리스토텔레스적 세계의 그림과 갈릴레오적 세계의 그림 중에서 하나를 고를 수 있다는 생각을 서서히 약화시키는 데 도움을 준다. 또는 미국 남북전쟁에서 양 당에 의해 공유되는 도덕적 제도들의 집합에 호소함으로써 남부 연합과 북부 연방 중에 고를 수 있다는 생각을 약화시키는 데에도 도움을 줄 수 있다.

주체와 객체 사이의 전통적인 구분에 매달리는 철학자들은 프래그머티즘과 낭만주의가 객체에 속해 마땅한 명성과 특권을 주체에 부여하고자 하는 시도라고 일축하곤 한다. 예를 들어 하이데거는 플라톤과 아리스토텔레스에서 데카르트와 칸트로 향하는 전환을, 그리스적 사유에서 실체가 점유했던 자리에 자아를 배치하는 문제로 설명했다.

내가 지난 강의에서 인용한 구절을 보면, 러셀은 제임스와 듀이가 자아가 비자아를 좌우하는 것이 허용되어야 한다고 주장한 것으로 간주했다. 그러나 **현상과 실재 사이의 구분이 사라질 때 주체와 객체 사이의 구분 역시 사라진다.** 이는 주체가 재서술에 종속되는 만큼 객체도 재서술에 종속되기 때문이다. 탐구자들이 필요로 하는 재서술은 그들이 탐구의 대상들을 서술하기 위해 사용하는 용어만큼이나 잘 변한다. 사물들이 진짜 존재하는 방식에 대한 호소가 고정된 기준을 제공하지 못하는 것과 같이, 탐구자들이 필요로 하는 재서술에 대한 호소도 그러하다.

우리는 우리가 말하고 있는 것을 재서술하거나 우리가 탐구를 통해 얻어내고자 하는 것을 재서술해서 그 과정을 변화시킬 수 있다. 듀이가 '수단과 목적의 연속성'에 대해 말할 때의 요점이 바로 이것이다. 듀이에 의하면 숙고를, 고정된 목적을 성취하기 위한 수단의 선택으로 기술하는 것은 오류이다. 왜냐하면 목적은 끊임없이 수단으로 되돌아가고, 수단은 끊임없이 목적의 지위로 자신을 격상시키기 때문이다.

프래그머티스트와 낭만주의자는 인간 실존이나 삶의 의미의 핵심을 기술함으로써 역사에서 벗어나고자 하는 시도가 무용하다는 점에 동의한다. 실존이나 삶의 의미의 핵심을 특징짓고자 하는 그런 시도는 인간이 할 수 있는 다양한 모든 활동들을 하나의 동질한 원으로 합치고 그렇게 해서 파르메니데스가 객체에 했던 것, 즉 객체를 실체의 지위에 올려놓는 것과 동일한 일을 주체에게 하는 것을 의미한다.

실존과 삶의 의미의 핵심을 기술하고자 하는 노력은, 우리가 그 각각을 알맞게 잘 이해할 수 있는 더 작은 것들의 총합을, 크고 다루기 버거우며 신비로운 무언가로 대체한다. 인간 삶의 의미와 실재의 내재적 본질은 우리가 좋아하는 것들 거의 전부에 관해 말할 수 있는 그런 주제들이다. 하지만 양쪽 모두는 전문적으로 심화된 탐구 주제로 만들어질 수 없다. 보편주의적 위엄을 성취하고자 하는 시도가 허세 가득한 말로 빠르게 퇴보하는 경향을 보이는 이유가 바로 여기에 있다.

내가 '낭만주의'와 '프래그머티즘'이라는 용어를 사용할 때, 이 용어들이 뜻하는 것은 플라톤이 제기한 총괄적인 질문에 답하기 위한 방안들이 아니라 오히려 플라톤이 제기한 그 질문들 자체에 맞서는 대응들이다. 이는 플라톤주의가 존재에 끌어들인 욕망들을 충족시키기 위한 방안들이 아니라, 오히려 이 플라톤적 욕망을 억누르고자 하는 시도들이다. 낭만주의와 프래그머티즘이 보편주의적 위엄에 대한 동경에 굴복하고 자신들이 사물의 진짜 존재 방식을 발견해 왔다고 주장하기 시작하는 순간 자신의 길을 잃게 될 것이다.

낭만주의자에게 그러한 유혹에 맞서 자신을 보호하는 것은 특히 중요한 일이다. 낭만주의자들은 한때 선지자와 주술사, 종교적 예언자에게 속하던, 진리에 대한 직접적인 접근 같은 것을 단언하지 않도록 주의해야 한다. 이것이 바로 플라톤이 동굴 위로 기어 나와 햇빛을 향해 발을 뗄 때는 사람들에게 약속한 것과 같은 부류의 접근이다. 낭만주의에 끌리는 많은 철학자들은 플라톤의 수직 이미지의 메타포를 뒤집는다.

낭만주의자들은 인간 영혼의 심연으로 하강해야 진리를 찾게 된다고 말하면서, 플라톤이 '낮은 것'으로 낙인찍은 의지will나 감정emotion에 관한 능력들로 우리 자신을 인도해야만 이 하강을 만들어낼 수 있다고 제안한다. 그들은 보편주의의 위엄을 일상적 심오함으로 대체하고자 하는 것이다.

그러나 만일 우리가 언젠가 플라톤의 사유 방식에서 벗어나고자 한다면 '이성', '의지', '욕망', '감정'을 우리 몸에 거주하며 몸을 통제하고자 애쓰는 난쟁이들로 생각하는 것을 멈춰야 할 것이다. 우리는 영혼을 부분들로 나누고자 하는 시도를 공식적으로 포기해야 할 것이고, 플라톤이 『파이드로스Phaidros』에서 사용한 영혼을 마차에 비유한 심상도 포기해야 할 것이다. 그러한 심상은 벌린이 '낭만주의적 의지의 예찬'이라 부른 것을 부추긴다.

더 일반화해서 말하자면, 그 심상은 하버마스J. Habermas가 '이성에 대한 타자들'이라 부른 것의 확산을 촉진시킨다. 이는 순수하고, 개념화되지 않는 언어 이전의 경험 및 어떤 의문도 품지 않는 종교적 신앙심, 신비주의적 황홀경 같은 진리의 대안적인 원천들, 또는 하이데거가 사유Denken라 부른 통찰의 신비한 원천으로 알려져 있는 것들이다. 철학적 전통이 이성을 진리 추적의 능력으로 생각하도록 이끌었기 때문에 플라톤주의에 대한 의심은 포스트 낭만주의 사상가들로 하여금 다른 능력들에 이 이성의 역할을 부여하도록 이끈다.

하지만 담론을 거치지 않는 진리에의 접근 같은 것은 없다. 진리에 대한 탐색은 정당화를 위한 탐색과 떼어 놓을 수 없다. 당신이 그저 보기만 해도 진리를 인식할 수 있는 그런 방법은 없다. 즉, 당신이 마음속 깊은 곳에서 시종 알고 있었던 것을 갑자기 상기할 수 있는 그런 방법은 없다는 것이다.

왜냐하면 우리가 우리의 믿음에 만족할 만한 이유들, 즉 우리가 합리적인 대화자로 받아들이는 식견 있는 사람들에 의해 인정되는 만족할 만한 이유들을 내놓을 수 없다면, 그 믿음을 참이라고 부를 자격이 없기 때문이다.

그런 합리적인 대화자로 간주되기 위해서 필요한 것은 그저 우리와 동일한 언어 게임을 하는지의 여부를 확인하는 것이다. 즉, 합리적인 대화자로 간주되기 위해서는 논쟁 중인 믿음의 정당화에 관련되는 것에 대해 우리의 생각들과 대략적으로 동일한 생각을 가지면되는 것이다.

낭만주의가 사적인 통찰을 공적인 정당화 가능성보다 위로 승격시킬 때, 낭만주의적 생각은 진보의 적이 될 뿐만 아니라 의견일치 자체를 경시하게 된다. 제임스의 편에 서서 천재성 있는 개인들이 그 길을 보여주지 않는다면 아무런 진보도 만들어지지 않는다고 말하는 것과, 그러한 천재성 있는 개인들이 진리에 접근할 유리한 위치를 가진다고 단언하는 것은 다른 차원의 문제다.

즉, 천재성 있는 개인들에게도 자신들이 말한 것에 대해 이유를 제시할 의무를 면제하는 것은 아니라는 말이다. 예를 들어 쉘리의 「시를 위한 변호」는 영감이 깃든 작품이지만, 그 작품 또한 논쟁의 여지가 있는 글에 해당하는 예일 뿐이다.

우리가 좋은 이유나 적절한 생각으로 간주하는 것이 사회마다 다르고 또 역사적 시기마다 다르다는 것을 깨닫기만 하면, 합리적이라는 것이 선천적인 능력을 활용하는 문제가 아니라 특정한 시간과 장소의 관습에 일치시키는 문제라는 것도 깨달을 수 있다.

서구에서는 이를 18세기 말 무렵에야 깨닫기 시작했다. 헤르더 Herder의 문화 상대주의는 계몽주의 시대의 이성이라는 종교가 철학자들이 폐위시키고 싶어 했던 교회의 권위만큼이나 허구적이라는 사실을 깨닫게 하는 데 일조한다.

교회가 어떤 사회적 실천들이 곧 신의 뜻이라고 말함으로써 그 실천을 정당화해 온 것과 마찬가지로, 계몽주의는 또 다른 사회적 실천들이 이성에 의해 지시된다고 말함으로써 그 실천들을 정당화해 온 것이다. 양쪽의 주장이 공허하다는 점에서는 별다를 바가 없다고 할 수 있다.

그러나 우리가 하는 언어 게임과 그 게임에 따라 우리가 좋은 이유라고 간주하는 생각이 과거의 우연성들의 결과라는 점을 깨달을 정도의 역사주의자가 되고 나면, 우리가 말하는 것에 대해 논증을 제시해야 한다는 생각 전체가 미심쩍어질지도 모른다.

하지만 우리가 이유를 묻고 제시하는 실천으로서의 합리성과 진리를 추적하는 선천적인 능력을 운용하는 합리성을 구별한다면 저런 실수는 피할 수 있을 것이다. 담론에 의한 정당화를 단념하는 것은 우리의 실천에 참신성을 융합하는 것에 대한 토론을 단념하는 일일 것이다. 이성이 진리를 추적하는 능력이라는 생각을 단념하는 것은 어떤 청중에게는 담론에 의한 정당화로 간주되는 것이 다른 청중에게는 그렇지 않을 것임을 인정하는 것일 뿐이다.

담론에 의한 정당화의 포기와 진리 추적의 선천적 능력의 포기를 구별하는 데 실패한 낭만주의자는 과거를 우리가 탈출해야 하는 감옥으로 다루기도 한다. 그렇다면 이런 의미의 감옥살이는 지금의 언어 게임 속의 언어 자체로 그 해석을 확장할 수도 있다.

일단 우리가 원시적이거나 뒤떨어진다고 간주하는 사람들이 행하는 게임이 불가피한 것이 아닌 것처럼 우리가 하는 언어 게임도 불가피한 것이 아니라고 생각하게 되면, 어떻든 간에 문제가 있는 것은 바로 언어와 담론가능성 자체라고 생각하는 것이 더 나은 선택지처럼 보일 수도 있다. 그렇게 되면 실제로 이의를 제기할 수 있는 것은 어떤 특정한 현상을 서술하는 어떤 특정한 방식일 뿐이고, 우리는 그때 '언어라는 감옥'이라는 개념을 떠올리게 될지도 모른다.

헤겔은 실재적인 것은 이성적이고 이성적인 것은 실재적이라는 점을 공언함으로써, 역사주의와 합리주의를 결합하고자 했다. 그는 이성Reason을 역사의 배후에 존재하는 간사한 각본가로 다룸으로써 플라톤주의를 넘어서고자 한다. 그러나 호신론護神論, theodicy[8]을 다시 불러내고자 하는 이런 시도는 그 자체의 무게로 인해 붕괴되고 만다.

헤겔의 역사주의가 이러한 과잉 합리주의hyperrationalism와 절연하게 되었을 때, 마르크스K. Marx와 스펜서H. Spencer 같은 19세기 사상가들은 '이성이 아니라면 누가 각본을 쓰는가?'라고 묻기 시작한다. 니체는 이 조악한 질문에 답하고자 하는 실수를 저지르기도 했다. 니체가 힘에의 의지를 예찬했을 때가 바로 그때이다.

그러나 니체가 에머슨풍의 생각에 푹 빠지게 되면서 이 질문을 거부하게 된다. 그런데 운 나쁘게도 하이데거가 이 질문을 부활시키는데, 그는 언어가 존재의 선물이라고 말함으로써 이 질문에 답하고자 한다. 존재의 선물로서의 언어는 '위대한 사상가'라 불리는 보기 드문 개인들에 의해서 우리에게 전해지는데, 이들은 서구에서 지금까

---

8   신의 정당함을 주장하는 이론

철학은 시가 될 수 있을까

지 행해진 다양한 언어 게임의 규칙들을 기록하는 사람들이다.

계몽주의가 신의 대용품 역할을 맡기기 위해 이성Reason이라 불리는 유사 신성을 세웠다는 사실을 깨달았다면, 그에 대한 더 나은 반응은 각본가 찾기를 멈추는 것일 것이다. 만일 포스트 낭만주의 사상가들이 역사를 계획되지 않은 우연성들의 연쇄로 보는 것으로 만족했었다면, 그런다 해도 나빠질 것은 아무것도 없고 오히려 '주체 중심적' 이성 개념을 하버마스가 '의사소통적' 이성 개념이라고 부른 것으로 대체시킬 수 있었을 것이다. 하버마스의 요점을 비트겐슈타인의 개념으로 바꿔서 적용했다면, 포스트 낭만주의 사상가들은 이성을 능력이나 인도하는 힘으로 생각하는 것을 멈추고 그저 이유를 제시하고 묻는 실천으로 생각했을 것이다.

내가 하버마스와 차별화되는 지점은 하버마스가 이 실천이 보편적 타당성을 겨냥한다는 점을 중요하게 생각한다는 것이다. 하버마스와의 여러 차례에 걸친 의견교환을 통해서 나는 보편적 타당성은 더 이상 작동하지 않는 개념이라고 주장했다.

나는 보편적 타당성이 실천과 관련지어질 수 있다고 보지 않는다. 우리가 합리성을 사회적 실천이라는 개념으로 설명하고자 한다면, 이는 '더 나은 논증'으로 간주되는 것을 상대적 중요성을 가지는 것으로 기꺼이 인정하는 것이다.

하버마스는 그러한 상대화를 쇠퇴로 이해하지만, 내가 보기에 보편적 타당성이라는 규제력 있는 이상이 우리를 상대주의로부터 구할 수 있다는 그의 주장은 이성을 주체 중심적인 것이 아니라 의사소통적인 것으로 보는 그의 설명과 부합하지 않는다.

의사소통적 합리성에 대한 그의 설명을 전제한다면, 내재적 목적론에 해당하는 것, 즉 사회정치적 자유가 더 나은 논증의 승리를 보증하는 그런 목적론이 있다고 그가 주장할 만한 방법은 찾을 수 없을 것이다. 여기서 '더 나은'은 보편주의적 의미, 다시 말해서 상대주의적이지 않은 의미이다.

나는 그와 같은 내재적 목적론을 '역사가 각본을 따른다.'는 생각의 마지막 흔적으로 본다. 첫 번째 강의에서 제시한 나의 관점에 따르면, 상상력은 각본가 역할에 지원할 후보자가 아니다. 상상력은 우리 안의 난쟁이도 아니고 다른 어떤 종류의 대리인도 아니다. 상상력이 이성보다 앞선다고 말하는 것은, 진보가 일어날 수 있으려면 그에 앞서 누군가가 대화 가능한 것들을 생각해내야 하고, 참신한 사회적 실천의 윤곽을 구상해야 하며, 다음 시대에 대한 예언대로 행동해야 한다고 말하는 것과 같다. **상상력은 진리가 아니라 참신성에 접근하는 수단이다.** 이 참신성은 채택했을 때 도움이 될 수도 있고 그렇지 않을 수도 있다.

히틀러Hitler는 페리클레스Pericles나 제퍼슨Jefferson만큼이나 강력한 상상력을 가졌다. 마오쩌둥Mao Tse-tung의 공상은 사도 바울의 그것만큼이나 매력적이다. 누군가의 시적 비전poetic vision의 결과로 시행되는 새로운 사회적 실천이 실제로는 아주 조악한 실천일 수도 있다.

우리가 선good과 악evil을 산출하는 비전을 구분하는 선천적 능력이 있다는 플라톤과 칸트의 생각을 단념한다고 해도, 아무도 어떤 비전도 가지지 않는다면 지금 있는 것보다 결코 더 나아질 것이 없다고 말할 수 있다.

이는 어떤 새로운 제안은 공상이라고 일축하고 다른 제안은 상상력 있는 것으로 칭찬할지를 결정하는 것에 있어서 경험만이 우리의 스승이라고, 즉 경험만이 우리를 가르칠 수 있다고 말하는 것이다. 만일 우리가 플라톤을 내몰았던 충동, 곧 축적된 경험이 보여주는 다의적인 교훈들을 넘어서서 우리의 결정을 정당화하는 무역사적 기준을 찾고자 하는 충동을 멈출 수만 있다면, 상상력에 대한 쉘리의 뜨거운 칭찬을, 도덕적 진보와 정치적 진보는 위험한 실험을 기꺼이 하고자 하는 의지를 항상 필요로 한다는 듀이의 차분한 주장과 결합시킬 수 있을 것이다.

낭만주의는 상상력이 현재와는 놀라울 정도로 다른 미래를 만든다는 사실을 우리에게 상기시키고자 한다. 반면에, 프래그머티즘은 유용성에 대한 확실한 검증은 과거 회고적인 것뿐이라는 사실을 우리에게 상기시키고자 한다.

즉, 우리가 참신한 생각을 고안한 사람들에게 감사함을 느낄지 아닐지는 우리가 경험하는 시간과 공간에 의해 결정된다는 것이다.

만일 우리가 어떤 생각을 시험 삼아 실천해보기에 앞서 그 유용성을 검사할 수 있다면 위험을 무릅쓰는 실험을 할 필요가 없겠지만, 위험 부담이 전혀 없는 그런 세상이 있다면 거기서 우리는 유한한 피조물, 즉 시간과 공간에 속박된 피조물이 아닐 것이다.

만일 플라톤이 주장했던 것과 같은 종류의 기준들이 유효하다면, 사도 바울의 가르침을 들은 사람들은 그리스도교가 가장 합리적인 종교인지, 아니면 키에르케고르Kierkegaard가 주장한 것처럼 가장 비합리적인 종교인지를 판별하는 기준을 찾아 적용할 수 있었어야 한다.

또 마르크스주의가 가장 과학적인 정치 이론이라는 마르크스주의자의 주장과 의회 민주주의는 사회 정의와 양립 불가능하다는 무솔리니Mussolini의 주장 또한 시험할 수 있었어야 했다. 그러나 실상은 우리가 그리스도교와 마르크스주의자, 파시스트의 생각 중에 어떤 것이 적절한지에 대해 확신할 수 있기 위해서는 사람들이 이 생각을 실제에 적용할 때까지 기다려야만 했다. 그 생각들을 실험해보고 또 어떻게 작동하는지를 직접 봐야만 했던 것이다.

우리 모두가 파시즘은 그 누구도 실험하지 않았으면 더 좋았을 것이라고 생각할 것이다. 우리 중의 다수가 마르크스주의도 현실 속에서 구현되지 않는 편이 더 좋았을 것이라고 생각할 것이다. 니체는 그리스도교의 싹이 잘리지 않은 것을 유감으로 생각했다. 그러나 이 세 가지 생각들이 실행되는 과정을 지켜보면서 많이 배웠다는 점을 부정하는 이는 없을 것이다.

낭만주의가 끝없는 희망을 이야기하는 철학이라면, 프래그머티즘은 유한성을 이야기하는 철학이다. 낭만주의는 과거의 경험이 더 나은 것을 위한 변화가 불가능하다는 사실을 충분히 보여주지는 않는다고 말한다. 즉, 우리가 과거에 있었던 실험 결과를 이유로 새로운 실험에 대한 시도를 하고자 하는 의욕을 잃어서는 안 된다는 것이다. 프래그머티즘은 지금 우리에게 진보인 것처럼 보이는 것이 실제로는 퇴보인지 아닌지 결코 확실히 알 수는 없다고 강조한다.

　낭만주의는 다음 시대에 대한 예언대로 행동함으로써 현재를 넘어서라고 우리에게 용기를 북돋는다. 프래그머티즘은 참신성에 있어서 내재적 가치는 없다는 사실을 우리에게 상기시키고자 한다. 즉, 예언을 판단하는 유일한 방법은 새로운 시대가 이전 시대에 비해 개선된 것으로 판명되는지의 여부를 보는 것이다.

　인간의 유한성을 인식한다는 것은 역사의 어떤 순간에도 인간성이 옳은 방향으로 향하고 있는가를 알 수 있는 길이 없음을 인정하는 것이다. 특정한 시간과 공간의 사회적 실천을 넘어서는 기준을 추구하는 것은 인간의 유한성을 회피하고자 하는 시도이다. 그래서 이런 시도는 광범위한 방식의 철학함을 시도하고자 한다.

　즉, 사회 제도와 인간 본성 사이의 관계, 다양한 부류의 구체적인 사람들이 가치 있는 것으로 보는 다양한 것들과 인간 일반의 좋은 삶The God Life for Man 사이의 관계에 관한 일반적인 무언가를 말하고자 한다.

프래그머티즘을 비판하는 사람들은 만일 우리가 광범위한 방식으로 생각하고자 하는 시도를 포기한다면 인간성에 본질적인 무언가를 저버리게 될 것이라고 말하곤 한다. 이 비판자들이 말하는 것은 인간이 된다는 것의 핵심이 우리의 이해력을 넘어서는 범위에 이르고자 함에 있다는 것이다. 그러나 소규모의 사회정치적 목적과 총체적인 철학적 이상 사이에는 차이가 있다. 비록 우리가 이 사회정치적 목적을 실현하는 데 성공할 수는 없다고 하더라도 말이다.

유럽과 북미의 중산층이 현재 누리는 자유와 안전을, 이 행성의 전체 주민이 누릴 수 있도록 노력해야 한다는 사실을 우리 모두가 받아들인다. 고대 로마의 이상주의자들이 노예제가 폐지된다면 세상이 어떻게 돌아갈지에 대해 제대로 알지 못했던 것처럼, 우리 중 누구도 어떻게 이것이 이루어질 수 있는지에 관해 명료하게 알지 못한다.

그러나 우리들은 옳은 방향으로 가는 단계로 여겨질 수 있는 것에 대한 상당한 수준의 합의를 이루고 있고, 그런 일련의 단계를 거쳐 머지않아 우리가 바라는 결과에 도달할 것이라는 희망을 공유하고 있다.

'보편적 타당성'이나 '참된 행복의 성취', '신의 계획대로 이루어짐', '이성의 법칙'과 같은 큰 이상에 있어서는 그런 합의가 있을 수 없다. 작은 이상은 우리가 실행에 옮길 수 있는 이상이다. 하지만 큰 이상이 가지는 유일한 기능은 우리 자신을 우쭐하게 하고, 우리가 우리의 유한성을 공유하지 않는 무언가와 연결되어 있다는 느낌을 주는 것뿐이다.

∞

　내가 지난 강의에서 말한 것을 마무리 지을 가장 좋은 방법은 아마도 다음과 같은 질문으로 돌아가는 것일 것이다.

　'만일 다음과 같다면 지적인 삶은 어떠해야 하는가?

　무역사적 기준에 대한 플라톤의 탐색이 올림피아의 신에 대한 숭배만큼이나 별나게 보인다면?

　작은 이상이 논의할 가치가 있는 유일한 이상이라면?

　인간의 유한성이 당연하게 여겨지고 이성보다 상상력이 우선하는 것이 당연하게 여겨진다면?

　낭만주의와 프래그머티즘 모두가 상식처럼 보이게 된다면?

　사물에 대한 조각 퍼즐 맞추기 시각이 신의 섭리에 대한 생각과 마찬가지로 그럴듯하게 보이지 않게 된다면?'

　이전에 나는 상상력을 통해 작은 이상을 논의하는 문화를, 지혜의 원천을 과학과 철학에서 문학과 예술로 대체하는 문화로 서술하곤 했다. 그러나 이러한 설명은 이제 잘못된 것처럼 보인다. '지혜'라는 단어의 뜻이 플라톤 이전 시기의 의미로 되돌아가는 그런 문화로 말하는 것이 나을 듯하다. 그리스어 소피아sophia는 소크라테스와 플라톤이 부여한 특별한 의미를 지니기 전까지는 '기술skill'과 같은 것, 경험의 축적을 통해서만 얻을 수 있는 것을 의미했다.

　소피아의 원래 의미에 비춰보면, 지혜는 오랜 시간 동안 살면서 많은 사람과 많은 도시를 보고 열린 눈을 가짐으로써만 얻을 수 있었다. 그러나 소크라테스와 플라톤 이후에 소피아는 경험의 산물과는 전혀 다른 차원의 것과 접촉하는 것을 의미하게 되면서 이전과 다른 의미를 지니게 되었다. '지혜에 대한 사랑'을 뜻하는 그리스어 필로소피아 philosophia는 한때 '지적인 문화 intellectual culture'와 같은 것을 의미했지만, 인간의 유한성에서 벗어나고자 하는 시도를 지시하게 되면서 영원한 것과 접촉하는 것, 인간을 초월하는 무언가를 달성하는 것을 의미하게 된다.

플라톤주의를 단념한 문화가 있다면, 그 문화에서 과학, 철학, 예술, 문학보다는 역사가 지적인 삶의 중심에 있을 것이다. 역사가들에 의해 기록된 것과 같이, 인간이 역사 기록을 통해 가지게 되는 축적된 경험은, 자신들이 젊었을 때 제시되는 많은 제안들을 겪어온 오랜 산 사람들과 대화할 때 얻을 수 있는 만큼의 혜택을 새로운 세대에 제공한다.

지식인들이 더 이상 영원의 상 아래에서 사물들을 보고자 시도하지 않는다면, 자연스럽게 역사가 지적인 삶의 핵심이 될 것이다. 지식인들이 그러한 시도에 가까워지면 질수록 여태까지의 인간 경험이 가지는 교훈들의 요약, 즉 헤겔이 시도했던 것과 같은 류의 핵심을 제공할 수 있을 것이다.

철학은 사유를 통해 자신의 시대에 존재한다는 헤겔의 주장이 호신론과 분리되면서, 철학은 칸트가 말한 '가능성의 조건들'의 구체화를 시도하는 문제에서 이전의 현실성에서 어떻게 현재의 현실성이 출현하는가를 이해하는 문제가 되었다.

헤겔주의자들은 경험과 지식, 언어가 어떻게 가능한가를 묻는 대신에 특정한 시간과 공간에서 경험, 지식, 언어가 다른 형식이 아닌 이런 특정한 형식을 취하는 이유를 묻는다. 그러므로 만약 철학이 개괄적인 시야를 얻기 위한 시도라면, 그 철학은 거대한 이야기supernarrative의 형식을 취해야 할 것이다. 즉, 정치의 역사를 포함하는 과학의 역사, 신학의 역사를 포함하는 시의 역사, 일련의 정전적 건축의 역사를 포함하는 정전적인 철학 텍스트를 수용하는 이야기의 형식을 취해야 한다.

한 명의 사상가가 그러한 개괄적인 시야를 제공한다는 것은 너무 큰 임무처럼 보이고, 실제로도 그렇다. 헤겔이야말로 그러한 거대한 이야기를 구성하고자 했던 최초의 사람이며, 그런 그조차도 자신의 모든 재능과 용기를 쏟아 부었음에도 낙서 같은 몇 개의 밑그림들을 남겼을 뿐이다. 철학이라는 학문 분과가 자신을 개조해야 하고 그래서 모든 철학과 교수가 그런 거대한 이야기를 쓰는 시도를 해야 한다고 제안하는 것은 터무니없는 일이다.

그러나 지적인 삶의 중심에 있는 활동을 전문화된 학문 분과의 영역과 동일시할 이유는 없다. 인간 종의 축적된 경험으로부터 가능한 한 많은 혜택을 얻고자 하는 시도는 전문화된 유사 과학적 탐구의 산물일 수 없다. 이런 시도는 체계적으로 또는 엄밀하게 수행될 필요도 없다. 이러한 시도를 통해 지혜에 대한 사랑은 예전의 의미인 '지적인 문화'로 되돌아갈 수 있을 것이다.

철학을 일종의 상위 학문으로 보는 헤겔 이전 시대에 있었던 생각, 예컨대 학문의 여왕이라거나 합리적 중재자, 문화적 경계의 설계자 등으로 보는 생각은 전혀 타당해 보이지 않는다. 철학이 이와 같은 거만한 자세를 취하기 시작할 때는 대개 누군가가 진리를 추적하는 놀랍고 새로운 방법을 발견했다고 주장할 때이다. 예를 들면, 데카르트가 말한 불투명하고 흐릿한 것으로부터 명석 판명한 것을 분리시킬 수 있는 기법이나, 칸트가 말한 '초월론적 반성', 러셀이 말한 '논리적 분석', 후설이 말한 '형상적 환원' 같은 것들이 바로 그렇다. 그러나 그러한 선언은 주제를 전환하기 위한 수사적 기교일 뿐이다.

누군가 이런 종류의 수사법을 싹 털어내기만 한다면, 내가 방금 언급한 철학자들이 실제로 하는 말은 다음과 같을 것이다. '앞선 학자들의 개념이 아니라 내 개념으로 쟁점을 제기하자. 그들의 개념으로 제기된 문제들은 사이비 문제일 뿐이고, 내가 발견한 것이 진정한 철학의 문제이다.'

이 철학자들은 각자 철학이 무엇일 수 있는가에 관한 참신한 생각을 가졌다. 즉, 철학적 사유에 대한 하나의 학파를 만드는 데 일조하는, 널리 알려진 생각을 가졌다. 고수처럼 말하는 사람들은 자신이 새롭게 체계화한 문제를 중요하게 여기고, 자신의 텍스트를 철두철미하게 다듬는다. 그러나 데카르트에서 로크, 러셀, 후설에 이르기까지의 그런 철학자들의 새로운 생각은 철학이 여타의 문화로부터 고립되는 결과를 부추겼을 뿐이다.

철학이 전문적인 분과가 되어갈수록, 비철학자들이 누릴 수 있는 유용성은 줄어들게 되었다. 지금의 분석철학은 과도한 전문성을 보여주며 다른 지적인 세계에서 거의 자취를 감추었다. 이는 13세기에 아리스토텔레스의 저작이 라틴어로 번역될 때 시작된 과정의 마지막 단계처럼 보인다. 아리스토텔레스를 존경하는 중세인들은 아리스토텔레스가 쓰는 전문 용어에 통달하는 것이 지혜를 습득하는 선결조건이라고 확고하게 믿었다.

속담에도 나와 있듯이 철학은 자신의 장의사도 묻어버린다. 인간의 성취에 대한 개괄적인 시야를 갖고자 하는 시도가 결코 멈추지 않을 것이라는 점에서 이 말은 사실이다. 그러나 하나의 학문 분과가 그런 개괄적인 시야의 달성을 위해 헌신한다는 생각은 이제는 한물간 생각일 뿐이다.

그렇다고 해서 역사학 교수들이 철학 교수들보다 높은, 최고의 지위를 얻어야 한다고 말하는 것은 아니다. 사물 일반에 대해 전문가가 할 수 있는 역할은 공석으로 놔두어야 한다.

오히려 내가 제안하는 것은 우리 문화가 지적으로 '지혜로운'이라는 말을 상상력의 산물 이상의 무언가, 즉 재서술의 부담을 갖지 않아도 되는 무언가와의 접촉을 의미하는 것으로 더 이상은 부르지 않는 문화로 점진적으로 변할 필요가 있다는 것이다. '지혜로운'이라는 말은 바람직한 개방성을 가지는 참신한 제안을 과거 여러 안들을 약간 추월하기에 생기는 친숙성과 결합시키는 것을 의미하게 된다.

그처럼 개방성과 친숙성을 결합시키는 사람들은 미래에 대한 유일한 희망이 인간의 상상력에 놓여 있음에도 참신성만으로는 결코 충분하지 않다는 사실을 알아차린다. 낭만주의와 프래그머티즘의 결합은 인간의 현재와 과거 사이의 연관을 개인 발달의 초기 단계와 후기 단계 사이의 연관과 유비적인 것으로 볼 수 있게 한다. 다시 말해서 어느 경우에도 내재적인 목적론은 없지만, 그렇다는 사실이 개인이나 사회적 삶에서의 실험적 시도의 필요성이나 의미를 희석시키지 않는다는 것이다.

만일 우리가 사회적 실천이 우연하다는 사실이 그 실천이 중단되어야 한다는 점을 함의하거나, 제안된 실천이 순전히 참신하기만 하면 채택될 충분한 이유가 있다는 사실을 함의하는 것으로 해석하는 사고의 오류를 피할 수 있다면, 지적인 삶은 현상과 실재 사이의 구분이 붕괴될 뿐만 아니라 합리성이 상대화되어도 살아남을 것이다.

내가 이번 강의에서 제안한 낭만주의와 프래그머티즘의 결합은,

보편주의의 위엄 및 문화를 넘나드는 합리성에 대한 탐색이 과거에 그러했던 것처럼 미래의 지식인들에게 그럴싸하고 논란의 여지가 없는 것처럼 보이게 될 것이다.

그러한 미래의 지식인들은 사물들의 참된 존재 방식에 대해 플라톤보다 더 가까워지지 않겠지만, 그들의 상상력은 인간이란 무엇인가에 대한 새로운 생각으로 가득찰 것이다. 이러한 생각은 우리의 유한성에서 벗어나고자 하기보다는 그 유한성을 당연하게 받아들이면서 시작될 것이다.

제자의 편지

마이클 베루베 | Michael Bérubé
(펜실베이니아 주립대학교 영문학 교수)

한 사람에 대한 기억과 동의

페이지 바버page-barbour에서 세 번에 걸쳐 이루어진 '철학은 시가 될 수 있을까 Philosophy as Poetry' 강연은 리처드 로티의 저작에 익숙한 사람이라면 그다지 놀랍지 않을 논증을 보여준다. 같은 맥락에서 이 강연은 미국 프래그머티즘에서 로티만의 특징이 무엇인가에 대한 유용한 안내를 제공하기도 한다. 만일 당신이 로티가 영향력이 있는 만큼이나 논쟁적인 이유가 무엇일까를 궁금해 한다면, 이 강연이 좋은 안내서가 될 수 있을 것이다.

로티는 특히 학계 외부의 비평가들에게는 포스트모더니스트나 허무주의자, 반정초주의자, 탈구조주의자, 소피스트, 상대주의자로 분류되곤 한다. 이렇게 불리는 사람은 젊은이들을 타락시킨다고 간주되기 때문에 이런 이들이 성공한다는 것은 미국 대학의 지성이 쇠퇴하고 있음을 보여주는 지표를 제공하는 것으로 받아들여진다. 대체로 못마땅한 반응이라고 할 수 있다.

앞서 등장한 이런 저런 탈조류의 학풍에 속하는 학자들과는 달리 로티는 평이한 문체로 글을 쓰고, 전문 용어나 겉만 번드르르한 신조어로부터도 자유로우며 평범한 자유 민주주의에 관한 강한 낙관을 보여주는 사람으로 평가 받는다.

로티는 실제로 포스트모더니스트와 탈구조주의자가 잘못된 방향으로 가고 있다고 믿었다. 그들이, 철학이 '진리Truth'를 탐색하는 과정에서 인간 경험의 영원한 무언가에 호소해야 한다는 생각을 거부한 것은 옳지만, 사람의 삶을 조금이나마 더 나은 것으로 만들고자 시도한 진보적인 프래그머티즘을 거부한 것은 잘못됐다고 생각한 것이다.

우리는 이 책을 통해 철학이 초월적인 것과 형언할 수 없는 것에 접근하여 그것들에 관한 객관적 지식을 탐색하는 것이라고 생각하는 것이 실수임을 알게 될 것이다. 또한 그러한 접근방법과 그것에 기반한 지식이 사물 그 자체가 진짜 존재하는 방식에 대응한다는 의미에서가 아니라, 철학이 제기하는 사이비 문제로 인해 생기는 성가신 두통과 결실 없는 논의로 이어질 뿐이라는 의미에서 '실수'라는 생각에 이르게 될 것이다. 물론 가짜 현상과 진짜 실재를 나눈다는 점에서 여전히 플라톤주의적이기도 하다. 오히려 이런 영역 구분에 익숙하다면 논증 자체가 놀랍지는 않을 것이다. 우리가 이 글을 읽어가면서 그의 철학적 관점에 관한 이해를 혼란스럽게 할 수 있는 이례적인 강연 시리즈를 발견한 것과 같은 느낌은 들지 않을 것이다.

이 강연에서 로티는 철학을 제대로 연습한다면 형언할 수 없는 것에 관한 객관적 지식을 산출할 수 있어야 한다고 주장하지 않는다. 그런데 다른 한편으로 아직까지 이 강연이 빛을 보지 못했다는 점은 조금 놀랍긴 하다. 첫 번째 강연에는 비버와 진흙과 막대기의 비유가 있고, 언어와 인간의 사유가 누군가의 으르렁 거리는 소리를 합리적으로 승인할 수 있거나 동료의 으르렁 거리는 소리를 비판할 수 있을 때 시작된다는 주장이 있음에도 말이다.

나는 비버와 으르렁거리는 소리나 으르렁거리는 소리에 대한 메타적 반응과 승인의 중요성에 관해서 아래에서 더 이야기할 것이다. 왜냐하면 로티가 인간의 지성과 삶의 전망, 유한성의 한계 등을 어떻게 이해하는가에 있어서 두 측면 모두 중요하기 때문이다. 나는 로티의 수사법에 대한 독해도 제안하고자 하는데, 그의 논증들이 일상적인 상식의 일부가 되고 나면 우리가 그 논증들의 진가가 무엇인지에 관한 로티의 일상적이면서도 세련된 논증의 틀을 제대로 읽어낼 수 있을 것이기 때문이다. 본격적인 이야기를 시작하기 전에 내가 기록보관소에서 놀랐던 에피소드를 소개하고자 한다.

2010년 5월 캘리포니아 대학 어바인 캠퍼스에서 당일치기 회의가 열린 어느 날이었다. 이 회의는 어바인 도서관의 '비판 이론 기록보관소'에 로티의 문서가 보관된다는 사실을 알리는 자리였다. 로쉬 L. Losh가 소집한 이 회의의 표제는 귀에 착 감기는 로티의 아포리즘에서 따온 '시간은 말할 수 있지만 인식은 말할 수 없는 것'이었다. 나는 하루 일찍 가서 몇 시간 정도 기록보관소를 훑어보기로 했다.

나는 25년 전 한때 로티의 학생이었고, 그는 내 학위논문 심사에 영문과 외부 심사위원으로 참여했다. 하지만 나는 그를 개인적으로는 잘 알지 못했다. 기록보관소에서 꽤 괜찮은 문서들을 발견했는데, 그중의 하나가 '포스트모던 철학은 정치학과 어떤 관련이 있는가'라는 제목의 1998년 강연 문서였다. 그 문서의 다음 구절이 내 눈길을 끌었다.

"'누군가가 사유하기 이전에도 인간 존재는 본래적인 존엄성을 가지는가, 인간의 권리도 그러한가?'라는 질문을, '칸토어 Cantor가 말하기 이전에도 무한수는 존재하는가?'라는 질문처럼 받아들일 수 있다면, 그때 우리는 헤겔의 역사주의나 프래그머티스트의 반표상주의로부터 완전한 혜택을 누릴 수 있을 것이다."

그날은 좋은 날이었다. 더 정확히 말하자면 우리는 그날이 지나고 난 뒤에야 좋은 날이었다는 것을 깨닫게 될 것이었다. 내가 로티의 미간행 강연문을 읽는 것을 멈추고, 그저 호기심에 이끌려 그의 서신을 보면서 로티 철학의 정제된 진수를 발견했다는 사실이 매우 기뻤다.

별로 놀랍지 않은 편지들도 여럿 있었다. 크루스F. Crews에게 보낸 편지에는 인간 지식의 패러다임으로 물리학을 꼽고 철학은 일종의 인식론적 물리학이 되기를 지향해야 한다고 생각하는 사람들에 대한 불평이 담겨 있었다. 블룸H. Bloom으로부터 온 놀라운 편지에는 다양한 개인적 문제들, 즉 전문적인 업무 관련 서신과 추천사 등이 담겨 있었다.

1994년과 95년 사이에 내가 로티와 나눈 서신을 봤을 때도 놀랍지는 않았다. 그것은 나의 두 번째 책 『공적 열람권Public Access』에 관한 편지들이고, 로티는 내가 호웨I. Howe나 슐레진저A. Schlesinger Jr. 같은 사회민주주의자들을 무시하는 듯한 태도를 보이는 것에 대해 꾸짖고 있었다. 답장에서 나는 슐레진저의 『미국의 와해The Disuniting of America』는 번스타인R. Bernstein의 『덕의 독재Dictatorship of Virtue』와 마찬가지로, 다문화주의가 미국 사회의 구조 자체를 갉아먹는다는 명제에 몰두하는 광적인 흥분 상태에서 쓰인 책이라고 주장했다. 이렇게 주고받은 서신을 이 기록보관소 코너에서 보게 되어 좋았지만, 나는 이 편지들을 잘 기억하고 있기에 바로 다음 코너로 넘어갔다.

가장 호기심이 가는 편지는 내가 3장짜리 노란 용지에 손글씨로 쓴 편지였다. 그 편지는 1985년 6월 23일자에 쓰였고, 기한이 지난 보고서에 대한 연장을 요청하는 고뇌에 찬 내용을 담고 있었다. 로티가 왜 이 편지를 보관했는지는 알 수 없지만, 편지를 다시 읽어보니 진짜 묘한 기분이 들었다. 마치 내가 평행우주에 접속해서 훨씬 젊었을 때의 나를 다시 만난 것 같았다.

나는 그해 봄 로티의 하이데거 세미나를 수강하고 있었으며, 학기말에 시험을 칠 것인지 기말 보고서를 쓸 것인지를 정할 수 있었다. 시험이 훨씬 더 쉬운 선택지였고, 시험문제 중의 하나는 '『존재와 시간Being and Time』(하이데거 著)의 1부가 어떤 점에서 프래그머티스트의 진리 이론으로 나아가는가'였다. 이 문제는 첫 4주 동안의 수업 필기를 검토하고 '자, 이것이 로티가 말한 것과 꼭 같지 않은가'를 검토해 보면 된다는 암묵적인 권유였다. 나는 그렇게 답을 쓰고 싶지 않았다. 왜냐하면 『존재와 시간』 1부에 내가 나름대로 취할 것이 있다고 생각했기 때문이다. 그러나 이것에 관해 어떻게 써내려갈지에 대해서는 확신이 없었다.

당시 대학원 2학년 2학기에 재학 중이던 나는 일종의 위기 상태에 있었다. 제출 기한이 지난 보고서가 내 머릿속을 맴돌고 있었고, 더욱이 그것은 유명하고 뛰어난 교수님께 낼 보고서였다. 나는 23살이었고, 철학과 학생도 아니었다. 또 마르틴 하이데거에 대한 내 보고서가 로티의 흥미를 끌지 못할 거라는 확신이 들었다. 한 주 한 주 지나갈수록 그 확신은 깊어졌고, 그에 따라 두려움도 커져갔다. 로티가 중국으로 여행을 떠나기 직전인 6월에 이를 꽉 깨물고 마음을 단단히 먹고, 내 생각의 개요를 제시하면서 기한 연장을 요구하는 편지를 쓰기 위해 의자에 앉았다.

"이 편지를 읽을 분께! 교수님은 제가 지금 쓰는 것과 같은 종류의 편지에 익숙할 것이 분명합니다. 글을 쓰다가 막힌, 격앙되어 있고 불안한 대학원생이 잠재적으로는 전도유망하지만 아직 쓰지 못한 에세이의 세부 사항에 대해 해명하는 그런 편지 말입니다."

처음의 두 쪽 반 정도는 절반 정도 완성된 논증을 제시했다. 그 논증에서 나는 로티가 『존재와 시간』에 대해 프래그머티스트의 면모라고 칭한 것, 즉 하이데거가 눈앞에 있음과 손안에 있음이라는 범주를 설정한 것은 이후의 논증을 진행시키기 위한 구성 방식일 뿐이라고 주장했다. 하이데거는, 진리는 비은폐성aletheia의 문제라고 주장했기에 애써 위와 같은 범주를 설정한 이유 중의 하나는 사실에 기반한 언명들은 진리의 자리가 있는 것이 아니라 우리가 이용할 수 있는 손안의 존재자들에 있다는 것을 우리에게 설득하고자 하기 때문이라고 말한 것이다.

이것은 실증주의에 대한 프래그머티스트의 비평처럼 들리지만(그런 점에서 로티가 이 편지를 좋아한 이유에 대해서는 의심의 여지가 없다), 하이데거는 여기서 논증을 그만두지 않는다. 『존재와 시간』 43절과 44절에서 하이데거가 확실하게 강조한 것처럼, 언명들은 진리의 자리가 아니기 때문에 진리는 다른 무언가, 즉 '현존재Dasein'에만 고유한 존재의 비은폐성임에 틀림없다고 말한다.

'현존재'는 인간을 지칭하는 하이데거의 용어로, 문자 그대로 '거기 있음'이라는 의미이며, 실존existence과 앎awareness의 형식이다. 우리는 우리 자신이 던져진 세계 속에서 실존과 앎의 형식을 바로 그 세계로 가져온다(여기서 피투성被投性은 타인과 더불어 있음과 마찬가지로 전기 하이데거 이론의 핵심 개념이다). 하이데거에게 대문자 B로 표기되는 존재Being는 한갓 존재자mere beings와 구분되어야 하고, 『존재와 시간』에서 그 차이를 파악하기 위해서 우리는 비은폐로서의 진리와 한갓 사물들에 대한 언명을 구분할 필요가 있다.

방금 소개한 내용은 하이데거의 논의에 친숙한 사람들에게는 대체로 명료한 것이지만, 나는 당시 23살이었고 내 딴에는 지금까지 읽었던 책 중에 가장 어려운 책으로 느끼고 있었다. 내가 막혀 있던 까다로운 부분은 앞에서도 잠깐 말했던, 『존재와 시간』1부를 이해하는 것이었다. 1부는 하이데거가 논리적으로, 또 참을성 있게, 그러면서도 많은 공을 들여서 논증은 진리가 사는 곳이 아님을 주장하는, 정교하면서 꽤 효과적인 모순을 포함하고 있다. 나는 어쩌면 이것이 그 유명한 '전회turn'의 의미를 조명할지도 모른다는 어렴풋한 생각을 가지게 됐다. 내가 읽은 바에 따르면, 전회는 하이데거가 했던 여러 말 중에서 다음과 같은 말에 해당할 것이다.

"알잖아, 언명assertion이 한갓 눈앞에 있음이라는 점을 주장하고자 하는 게 아니야. 난 '알레테이아aletheia'와 비은폐성으로 직행하고 플라톤과 다른 철학, 즉 횔덜린F. Hölderlin 같은 낭만주의 시인에 대해 숙고하면서 '존재를 부여한다.'라는 구절에 대해 생각하고 또 그릇과 같은 구체적인 것들에 관한 전면적인 설명을 해보고자 해. 딱 그거야."

만일 삶이 그런 방식으로 전개되지 않았다면 내 보고서는 지금까지도 쓰이지 않은 채로 남아 있을 것이고, 세계는 그만큼 더 빈곤해졌을 것이다. 보고서를 미뤘을 당시에 나는 박사학위를 무사히 마칠 수 있을지에 대해 상당히 의심하기 시작했고, 이 의심이 나에게는 더 시급히 해결해야 할 과제였다. 하지만 나는 8월 말경에 그 보고서를 다 썼고, 6월에 로티에게 보낸 편지의 사본을 가지고 있지는 않지만 어떻게든 세웠던 계획에 딱 맞게 해낼 수 있었다. 물론 2010년에 기록보관소를 둘러보기 전까지 나는 이 사실을 까맣게 잊고 있었다.

내가 보고서를 쓸 수 있었던 이유는 단순하다. 그해 8월 중순에 내 여자 친구가 임신 소식을 알려왔기 때문이다. 가장 먼저 든 생각은 '오 이런, 곧 결혼하고 부모가 되겠구나.'였으며 다음 찰나에 든 생각은 '오 이런, 아기를 낳으려면 그놈의 보고서를 끝내야겠구나.'였다. '베루베라는 존재되기'에 관한 나의 불안은 쓰지 못한 보고서의 존재에 관한 불안을 일거에 진압했다. 나는 광기에 휩싸인 사람마냥 너댓새 동안 쭉 써나갔다. 나중에 보니 그건 타이핑이 아닌 손으로 쓴 마지막 보고서였다. 타이핑을 마치고 나서야 분량이 50여쪽이라는 것을 알게 되었다. 몇 달이나 마음을 졸이고 나서야 아주 긴 페이퍼를 제출했고, 드디어 지옥을 탈출한 대학원생이 될 수 있었다.

만일 당신이 대학원생이라면, 부디 이런 짓은 하지 않기를 바란다. 정말이지 못할 짓이다. 그러나 이것은 발달을 자극하는 경험이기도 했다. 이 경험은 『존재와 시간』에 대해서 용기를 가지게 했을 뿐만 아니라, 학업에 대한 불안감을 다루는 방법에 관해서도 알려주는 계기가 되었다. 즉, 심각한 문제를 이용해서 그보다 사소한 문제를 해소한 셈이다. "자비로운 신이시여! 우리 아기가 태어날 예정이

니 이 수업을 마쳐야 해요. 그래야 학위 과정을 끝낼 수 있고 논문도 쓰고 직장도 얻을 수 있지요." 이러한 기도는 '만일 로티 교수가 나의 에세이를 싫어하거나 지루해하거나 반론을 하면 어쩌지'라는 질문보다는 훨씬 무거웠기에 더 이상 그 문제에 시간을 낭비할 수 없었다.

로티가 저 편지를 간직했다는 것을 아직도 못 믿겠다. 저 편지를 쓴 사람도 알고, 지금 이 에세이를 쓰는, 의존적이며 안절부절못하는 사람도 알긴 하지만, 그보다는 어딘가 이상하고 목적을 상실한 것 같은 샬롯빌의 여름을 기억한다. 방세를 내기 위해 국립법률조사단에서 내내 일했고, 몸담고 있던 밴드와 결별하고(결별 이후 앨범을 내기는 했지만), 대학원에 남아야 할지, 남는다 해도 학위를 받을 수 있을지를 고민하면서 정작 글은 쓰지 못했던 그때를 기억한다.

25년 후 나는 기록보관소 로티의 코너에서, 그해 여름의 의심과 불안을 덜어내게 되었을 뿐 아니라 로티가 나의 하이데거 보고서에 대해서 어떻게 생각했는지도 알게 되었다. 그는 그 보고서를 한 달 뒤에 나에게 다시 주었는데, 이는 그가 친절한 사람이었고 그의 모든 동료들이 증언한 대로 모든 일에 열심이고 진정으로 근면한 사람이었기 때문에 가능했을 것이다. 하지만 그는 "아주 설득력 있는 해석이군요. 나는 이에 대해 비평할 생각이 없습니다." 라고 말했을 뿐이었다.

그러나 기록보관소에서 로티가 그 에세이를 '대학원생에게 받아본 하이데거에 관한 글 중에 가장 좋은 보고서'라 칭하고 "이 보고서는 초기 하이데거에 관한 나의 시각을 재고하게 했다."라고 언급한 추천서를 발견한 것이다. 그 글을 보고 정말 깜짝 놀랄 만큼 기분이 좋았다. 그러다가 다음 구절에서 움찔하게 되었는데, "세미나의 논의에 참여하는 베루베의 태도에 비추어봤을 때 좋은 페이퍼를 기대했지만, 이렇게 온 마음을 다해 하이데거를 연구하고 50쪽에 달하는 촘촘하고 상세한 분석을 써낼 것이라고는 예상하지 못했다. 베루베가 수개월을 이 연구에 매달리는 대신에 15쪽만 썼어도, 또 할당된 내용만 읽었어도 쉽게 A학점을 딸 수 있었을 텐데." 이런 제길, 이 말을 듣기 위해 25년이나 기다려야 했다니.

이 사건을 통해 내가 얻은 교훈이 하나 있다. 기록보관소에 간 당신이 어떤 상황에 처하게 될지는 절대 알 수 없다는 것이다. "로티 교수님께! 제출 기한 연장을 요청하고자 합니다. 왜냐하면 제가 키우는 개가 눈앞에 있는 것을 먹어 치웠고 저는 타인과 함께 시간을 보내느라 늦게까지 잠들지 못해 제때 일어나지 못했습니다. 보고서를 마치는 대로 바로 제출할 것을 약속드립니다. 그럼 안녕히 계세요." 이와 같은 당신의 격앙된 편지가, 미래의 학자들이 감탄하는 기록보관소 어딘가에 있을지도 모른다. 여기 모아진 강의들이 1985년 6월의 내 편지보다 더 중요한 문서라는 것은 두말할 필요가 없지만 그 문서들을 2016년에 읽는 것은 여전히 놀라웠다.

사실 나는 로티의 하이데거 세미나를 수강할 계획이 전혀 없었다. 1984년 가을 무렵 지금이 현대 문학 이론을 공부할 적당한 시기라는 생각이 들었고, 로티가 이듬해 가을 데리다 세미나를 연다는 소식을 들었다. 하지만 내가 들은 것은 그 다음에 있을 하이데거 세미나를 수강하라는 조언이었다. **"탈구조주의가 어디에서 생겨났는가를 이해하고 싶다면, 로티의 하이데거 강의에서 시작하는 게 더할 나위 없이 좋지."**라는 말을 들었던 것이다. 정말 끝내주는 조언이 아닐 수 없었다.

그 세미나가 가치의 우연성에 대한 이해와 후기 비트겐슈타인에 대한 경탄으로 나를 이끌었기 때문이다. 하지만 이는 로티가 나를 하이데거 철학으로 개종시켰기 때문은 아니다. 로티는 문하생을 기르는 그런 방식으로 강의하지 않았다. 이것이 바로 그가 자신의 문하생을 만들지 않으면서도 그렇게 영향력 있는 사람인 이유일 것이다.

하이데거나 데리다와는 달리 그는 우상이 되려는 사람이 아니었으며, 그가 한 일이야말로 바로 우상이 되는 것에 저항하는 것이었다. 그 당시 로티는 서양 철학사에 대한 하이데거의 저작에 관심을 갖고 있었다. 그는 거의 전적으로 전기 하이데거의 성과에 반응을 보이고 있었고, 이는 하이데거가 미국 프래그머티즘과 그럴듯하게 연결될 수 있는 영역이었지만 정작 하이데거는 로티가 우러르는 프래그머티즘에 대해서는 질색하는 모습을 보였다.

로티가 이렇게 하이데거에 관심을 가지게 된 이유는 '눈앞에 있는 것Vorhandensein'과 '손안에 있는 것Zuhandensein' 개념과 관련이 있다. 하이데거가 대상과 대상에 관한 언명을 한낱 '손안에 있는 도구ready-to-hand'와 '눈앞에 있는 도구present-at-hand tools'로 이해한 것과 마찬가지로, 로티는 하이데거가 듀이와 연결될 만하다고 생각했고 철학적 논쟁을 문제해결의 형식으로 보고자 하는 어떤 사람이라도 그럴 수 있다고 생각했다. 어려운 과제에 직면한 사람이 문제해결을 위해 제기하는 질문은 목수나 배관공이나 물리학자나 다를 바가 없다는 것이다.

세미나가 진행될수록, 로티가 하이데거의 진리로서의 '알레테이아aletheia'에 대한 아이디어를 토마스 쿤의 『과학 혁명의 구조』 속의 '패러다임 전환 논증'에 대한 예견으로 생각한다는 점이 분명해졌다. 즉, 패러다임 전환은 '비은폐성'이고 그에 따른 연구 프로그램들은 눈앞에 있는 것에 대한 언명들로 가득하며, 이 언명들은 비은폐성에 의해 우리가 이용할 수 있는 대상들에 관한 것이다.

이와 같은 버전의 논증은 이 책의 첫 번째 강의에서 로티가 "'붉은'이라는 단어가 순환 과정에 들어가는 것은 뉴턴이 사람들을 설득하기 위해 '중력'이라는 용어를 사용한 것과 동등한 위상을 가진다."라고 제안할 때 나타난다. 로티는 하이데거의 후기 저작에 대해서는 이렇다 할 유용성을 전혀 느끼지 못했고, 세미나에서 후기 하이데거의 팬들이 '생기사건Ereignis'이라는 파악하기 어려운 본질에 대해 상세하게 이야기할 때는 익살맞게 미간을 찡그리고 한숨을 쉬다가 어깨를 으쓱거리곤 그냥 두었다.

세미나 동안에 로티는 그가 집필하고 있는 에세이의 복사본을 주었는데, 이 에세이가 바로 1989년에 출판된 『우연성과 아이러니,

연대Contingency, Irony, and Solidarity』라는 책의 사유 방식을 담은 전신이라고 할 수 있다. 또, 그에게 열정적으로 반대의견을 드러내는 사람들이 쓴 에세이의 복사본도 주었는데, 예를 들어 카푸토J. Caputo는 로티가 후기 하이데거 논의에 무관심하다는 점을 다음과 같이 맹렬하게 공격했다.

"로티는 하이데거 이론에서 생소한 것 중에 가장 생소한 것을 거부한다. 바로 이것이 하나의 사물이 아닌 것을 사유하는, 사유의 통약불가능성을 감수하는 것임에도 말이다."라고 비난하면서, 로티가 정녕 원한 것은 철학이라는 분야에서 시민적 대화가 유지되는 것일 뿐이라는 고발로 마무리한다. "그 점에 대해서는 할 말이 없네요." 로티는 미간을 찡그리면서 교실을 둘러보다 솔직하게 인정했다. "그게 정말 내가 바란 **전부**거든요."

이것이야말로 단번에 무장 해제시키고 애태우게 하는 로티 특유의 몸짓이었다. 한편으로, 이 몸짓은 논쟁에서의 경쟁심을 확 가라앉게 한다. 즉, 로티가 단지 시민적 대화를 유지하고자 했을 뿐이라고 말하며 누군가와 논쟁 중일 때, "아니야, 잘 봐봐. 바로 여기에 성패가 달린 훨씬 더 큰 무언가가 있잖아."라고 주장한다면 극도로 젠체하는 것처럼 들릴 위험을 무릅쓰는 것이다. 다른 한편으로, "만일 여기에 성패가 달린 훨씬 더 큰 무언가가 있다해도 어쩔 것인가"라고 주장하는 것이기도 하다.

그해 봄에 나는 로티가 신적인 진리에 대한 우리의 열병을 치유하고자 하면서, 토지 이용 제한법이나 재활용 센터보다 더 심오한 것은 없는 그런 세계에 살도록 우리를 초대하는 것처럼 느낀 적이 몇 번 있었다. 세미나 후반부에는 그런 느낌을 더 많이 받았는데, 내가 이 초대가 좋다고 생각할 때쯤에는 신적인 것 없이도 이미 우리의 철학은 그 상황이 더 나아진 것 같았고, 철학이 일상과 현세의 일에 좀 더 관심을 기울여야 한다는 생각이 들었다. 내가 아는 한, 로티는 토지 이용 제한법이나 재활용 센터에 관해 말한 적이 없다. 하지만 인간은 자신이 파악할 수 있는 범위를 넘어서길 열망해야 하며, 우리의 사유와 믿음이 일치하는 곳이 우리 밖 어딘가에 있다고 주장하는 사람에게 로티는 실제로 "그래, 아마 그곳이 바로 천국이겠지. 그렇지만 나는 지구 위 바로 여기에서의 우리 삶에 관해서 생각하는 걸 택하겠어."라고 답할 것이다.

나는 결국 1985년 가을에 있었던 데리다 세미나와 그 다음 학기에 열린 프로이트 세미나를 수강하지 않았다. 그러나 이 강좌들에 관해 오가는 대학원생들의 후일담은 격렬했다. 하이데거 세미나에는 진짜 신봉자들이 없었던 반면에 데리다와 프로이트 세미나에 모여든 대학원생들은 데리다와 프로이트가 호기심을 불러일으키는 이론을 말한 흥미로운 지식인일 뿐 아니라 계몽(혹은 탈계몽)에 이르는 참된 길을 보여주는 계시자라 확신하면서 정신분석을 실습하는 사람들이었다. 누구라도 예상할 수 있듯이, 그들의 우상이 되는 인물에 대한, 또 우상성 자체를 향한 로티의 불손한 태도에 그들은 격노했다.

로티가 지나온 이력을 돌아보면, 그는 많은 신봉자들을 격노하게 했다. 수년간 그는 영미분석철학자들에게 변절자 혹은 진짜 철학을 포기한 사람으로 취급받았다. 나는 로티가 철학계에서 얼마나 소외되었는가를 과장하고 싶지는 않다. 그는 그보다는 더 복잡한 면모를 지녔고, 어떤 방식으로든 분석철학과 대륙 철학 전통을 동시에 사유해내기 위해 애썼으며, 사람들이 콰인과 하버마스, 데이비드슨, 푸코, 카르납, 데리다 중 어느 하나를 택해 충성을 맹세한 지 한참이 지나도록 그들 모두에 대해 이야기하기를 멈추지 않았다.

그런데 그의 교수직 임용 역사는 세 모습을 동시에 보여준다. 그는 프린스턴대학교 철학과에서 버지니아대학교 인문학부로, 다시 스탠퍼드대학교의 비교문학과로 직을 옮겼다. 로티 사후에 라이어슨J. Ryerson이 쓴 글을 보면, 로티는 자신의 경력에 '최신 유행하는 학문과 단명하는 교수직'이라는 제목을 제안함으로써 자신의 인기를 스스로 비꼬았다.

로티는 여전히 특정 이론을 지지하는 사람들에게 온전히 수용되지 못하고 있다. 해체 이론과 정신분석 이론을 언어와 무의식에 관한 참인 명제들의 집합으로 다루는 대신에, 가능한 '어휘들'로 다루면서 어깨를 으쓱이는 그의 대처법은 지적으로 무사태평한 분위기를 일부러 노출하는 것처럼 보이기 때문이다. 이는 로티가 우리로 하여금 인간 존엄성이나 인권과 같은 것들이 '진짜 존재하는가'에 대한 질문을 일축하길 바랐던 그 무사태평함이다.

자크 데리다가 경쟁하는 다수의 대륙 전통 중에서 최후 승리자로 칭송받을 때가 있었다. 니체가 이전의 모든 철학자에게 남아 있던 플라톤주의의 마지막 흔적을 극복했고, 하이데거가 니체 안에 남아 있던 '전도된' 플라톤주의의 마지막 흔적을 극복한 것처럼 데리다가 하이데거 안에 남아 있던 플라톤의 로고스 중심주의의 마지막 흔적을 극복한 것으로 칭송받을 때가 있었던 것이다. 이때에도 로티는 데리다의 저작을 단지 흥미로운 글로 보았을 뿐이고, 존 롤즈보다는 제임스 조이스에 가까운 인물로 데리다를 보았을 뿐이다. 결국 이것이 데리다를 독해하는 전적으로 합당한 방식일 것이다.

1980년대에 벌어진 이론들 사이의 전쟁은 대단하면서도 끔찍했다. 누가 알았겠는가? 휴머니즘과 포스트휴머니즘, 순수문학주의와 저속한 용어 옹호주의, 신新비평주의와 신신비평주의newer criticism 사이의 투쟁에서 수많은 목숨이 희생될 것을. 내가 버지니아 대학에 들어간 1983년에 예일대학에서는 해체 이론이 이미 정점을 찍고 있었지만, 버지니아대학교의 샬럿빌에서는 그 전투가 이제 막 시작되고 있었다.

이론에 찬성하는 편과 반대하는 편 사이의 논쟁은 딱히 흥미롭지 않았다. 이론에 반대하는 편의 주장에는 시대에 뒤떨어진 소리가 너무 많았고, 마찬가지로 우연성이나 미규정성 같은 것들에 관한 모든 논쟁을 피하면서 자신의 문학 수업을 계속 가르치고 싶은 사람들 사이에는 지적인 편협함이 만연했다. 이런 논쟁들 가운데 마치 일종의 최후 대결과도 같은 경연이 로티와 히르쉬E. D. Hirsch 사이에 벌어졌다. 대학원생 모두가 이 논쟁을 목 빠지게 기다렸다. 우리에게 그건 마치 알리Ali 대 프레이저Frazier의 권투 시합 같은 것이었다. 혹시 또

모르지 않는가, 이 논쟁이 의미가 규정적인지 아닌지를 최종적으로 결정할지.

이때는 히르쉬가 문화 소양 사업부의 수장이 되기 바로 전이었고, 그전에 그가 명성을 얻은 주된 이유는 『해석에 있어서의 타당성 Validity in Interpretation』이라는 책 때문이었다. 이 책은 그가 여러 저자의 의도를 해석한 것들을 조심스레 모아온 일종의 전초기지 같았다. 하지만 그가 규정성 논쟁Determinacy Debate을 위해 도착했을 때 자신의 원래 입장을 상당 부분 바꾸어서 말했다. 그는 '의미'가 저자나 화자의 의도와 일치하는 그런 해석들로 이루어진다고 주장하지 않았다. 당시에 우리 학생들은 이러한 입장의 귀류법reductio, 즉 냅S. Knapp과 마이클스W. B. Michaels가 '대항이론'에서 제기하는, 의미는 의도와 동일하다는 주장이 히르쉬로 하여금 자신의 주장으로부터 조심스럽게 물러나게 하지 않았을까 하고 추측했다.

그러나 그는 여전히 화자 및 저자의 의도와 일치하는 의미와 그렇지 않은 의미 사이에 차이가 있다는 점에 사람들이 동의했으면 했다. 물론 그가 사용한 전문적 용어는 의도 중심적intentionalist 해석에 해당하는 '타당성'과 그 밖의 모든 것에 해당하는 '뜻significance'이었다. 그는 또 타당성이라는 탁자에 앉은 사람들은 한 종류의 문학 비평과 이론을 수행하는 중이며, 뜻이라는 다양한 탁자에 앉은 사람들은 그와는 다른 종류의 문학 비평과 이론을 수행하는 중이라는 점을 설득하고자 했다.

우습게 보일지 몰라도 나는 로티의 답변이 너무도 듣고 싶었다.

히르쉬의 주장은 논파되어 마땅한 그런 종류의 주장처럼 보였고, 내가 보기에 그 논파에 적격인 사람은 로티였기 때문이다. 물론 로티는 타당성과 뜻의 구분이 어째서 정합적이지도, 유용하지도 않은지를 보여주고자 한때는 신봉했지만 이제는 절연한 분석철학에서 갈고 닦은 논증 방법에 다시 손을 뻗을 수도 있었다. 그랬다면 그는 우리 모두에게 의미가 미규정적이라는 점을 확실히 보여줄 수 있었을 것이다. 그러나 로티는 그렇게 하지 않는 대신에 "모르겠군요. 돈!Don (히르쉬의 이름). 내가 보기에 당신은 문학 비평 분야가 50년 후에 어떻게 보일지를 염려하는 것 같군요. 나는 그걸 염려하지는 않습니다."라고 말했다.

내가 실망했다는 점을 인정해야겠다. 그 당시 내 눈에는 그의 답변이 그 분야의 미래를 상상하는 상위 질문으로 직행하기 위해 꼭 필요한 논증의 서너 단계를 건너 뛰어버린 것처럼 보였기 때문이다. 그러나 지금은 고의적으로 퉁명스럽고 태평한 그의 대답이 그 논쟁 자체에서, 혹은 모든 논쟁에서 얻을 것에 관해 묻고 있었다는 것을 안다.

논쟁의 목적은 더 이상 논쟁할 필요가 없게끔 영역을 표시해서 어떤 것을 단번에 못 박는 것인가? 아니면 그러한 문제들에 있어서 무언가를 단번에 못 박을 수 있다고 생각하는 것은 오해인가? 우리 후손들이 의미가 규정적인지 아니면 미규정적인지를 그들 스스로 사유해서 결정하도록 두는 것이 더 나은가? 로티는 이 강연에서와 마찬가지로 그때의 논쟁에서 다음과 같은 것을 택해 자신의 운명을 함께 할 것임을 힘주어 말했다. '무언가를 못 박지 말자. 대신에 시민적 대화를 계속하자. 또, 세상에 대한 흥미를 잃지 말자.' 마치 이 책의 두 번째 강연 '보편주의적 위엄과 분석철학'에서 로티가 "프레게와 러셀은 사물들을 더 명료하게 하고자 한 반면에, 헤겔과 하이데거는 사물들을 다르게 만들고자 했다."고 말한 것과 같다.

참신함에 대한 이러한 개방성이 있었기에 로티는 데리다와 하이데거를 흥미로운 작가로 받아들이게 되었을 것이다. 만일 당신이 "그건 그렇지만 로티는 데리다와 하이데거를 흥미로운 작가로 즐겼을 뿐이고 그것 말고는 없잖아."라고 반대한다면, 로티는 그들에게 그것 말고 더 필요한 것이 무엇이냐고 답할 것이다. 로티가 세 번째 강연 '낭만주의와 내러티브 철학, 인간의 유한성' 초반에 쓴 "내러티브 철학자들은 분석되어야 할 단어들의 의미가 있는 것이 아니라 서술되어야 할 단어들의 용법이 있을 뿐이라는 비트겐슈타인의 말에 동의한다. 이때의 용법은 부단한 변화 속에 있으며 또 있어야 한다. 발견되어야 할 보편적이고 필연적인 진리는 없으며, 수용되거나 거부될 수 있는 사회적 실천이 있을 뿐이다." 내가 상상하건대 바로 이것이 히르쉬의 의미 규정성에 대해 로티가 하고자 했던 더 긴 답변일 것이다.

영국의 시인 오든Auden은 유명한 추모시追慕詩 〈지그문트 프로이트를 애도하며〉에서 다음과 같이 말했다.

우리 사이에서 매일 죽는 그들은

우리에게 도움이 되는 일을 하는 바로 그 사람들이다.

누가 알겠는가, 그들이 하는 일은 결코 충분할 수 없지만

그로 인해 우리 삶이 조금씩 나아진다는 희망을 품을 수 있게 된다는 것을

2007년 로티의 부고訃告에 이 시가 떠올랐다. 그동안 나는 로티의 정치학과 철학 저서에 뭔가 더 심오한 역설이 있을 것이라고 믿어왔다. 로티의 이력을 돌아보면 그가 철학의 중요성에 대해 항변하고 철학과 정치 사이의 관계에 대해 불가지론不可知論을 펼쳤음에도, 세계가 더 세속적이면서 더 프래그머티즘적으로 변할 것이고, 같은 이유로 그 변화는 지속될 것이라고 믿었거나 아니면 적어도 그러기를 희망했다는 사실이 훨씬 더 분명해진다. 여기에서 다음과 같은 역설이 발생한다. 로티는 전문 철학자들 사이의 논쟁들이 세계의 운명을 결정하는 것이 아니라고 주장했으면서도 그 논쟁들이 왜 중요한가도 함께 보여주었다는 것이다. 물론 우리가 철학을 객관적 진리에 대한 탐구로 생각하는 것을 멈추고 대신에 더 인간적이고 새로운 방식으로 살기를 꿈꾸는 창조적인 기획으로 생각한다는 전제하에 그랬지만 말이다.

아마 이러한 희망에 걸맞게 이 강연들이 열렸을 것이다. 만일 우리가 현상과 실재 사이의 구분을 놓아버릴 수 있다면 로티에게 이러한 변화는 '유용성을 가지는 모든 것보다 더 오래 지속될' 것이다. 이 말 또한 사물들이 진짜 존재하는 방식에 관한 하나의 주장이기에 틀린 것이 아니다.

우리는 인간의 마음이나 언어가 실재를 정확하게 표상할 수 있는가에 관해 더 이상 궁금해 할 필요가 없다. 우리는 우리 문화의 어떤 부분이 다른 부분보다 실재와 더 잘 부합하는가에 대해 생각하지 않아도 된다. 우리가 스스로의 유한성이 지닌 의미를 말할 때 인간성을 다른 어떤 비인간적인 것과 비교하지 않고, 언젠가 우리 후손들이 채택할지 모를 더 나은 존재 방식과 비교할 수 있을 것이다. 우리가 선조들에게 겸손한 자세를 갖춘다면, 그들이 우리보다 실재와 덜 부합했다고 말하기보다는 상상력에서 더 제한적이었다고 말해야 할 것이다. 그러면서 우리가 조상들보다는 더 많은 사물에 대해 말할 수 있게 되었다고 자부할 수 있을 것이다.

– 이 책의 4-5쪽

그렇다면 이미 존재하는 어떤 기준을 참조하지 않고도 인간 사회 조직의 몇몇 형식들이 다른 형식들보다 더 낫다고 생각하는 것도 여전히 가능할 것이다. 로티가 쓴 것처럼, 지적 진보와 도덕적 진보는 선행하는 목표에 더 가까이 가는가의 문제가 아니라, 여러 사람들 중에서 특히 다윈C. Darwin과 쿤T. Kuhn에 의해서 넘겨받은 횃불과도 같은 반反목적론을 따르면서 과거를 뛰어넘을 수 있는가의 문제로 보는 것이다.

로티는 현상과 실재 사이의 구분을 없애버린 우리의 미래가 상대적으로 시야가 좁았던 선조들보다 '더 많은 사물에 대해 말할 수 있게 되었다고 자랑하게 될 것'이라고 제안한다. 이것은 로티라는 사람이 신중한 만큼이나 신중한 기획을 만들기 위한, 호기심 어린 약속처럼 보인다. 즉, 이 기획은 철학을 궁극적인 진리에 대한 결정권

자가 아니라 인간의 더 나은 삶을 위해 일하는 도구의 집합으로 보고자 하는 그런 기획이다.

로티는 철학에 대한 유비類比에서 꽤 겸손한 편인데, 그가 이 책의 첫 번째 강연에서 "합리성, 사고, 인지 모두 언어가 시작될 때 시작했다."라고 주장하며 인간의 언어를 비버의 댐에 비유할 때 그 겸손함이 잘 드러난다. 이 비유는 비버가 사회적 창작물인 댐을 짓는 것과 마찬가지로, 인간도 사회적 창작물인 언어를 사용한다는 것이다. 여기서 더 보태거나 뺄 것도 없이, 살아 있는 생물체가 하는 모든 일은 바로 이런 것이다. 로티 사유의 이런 측면, 곧 서양철학이라 알려진 아주 큰 비버 댐에 대한 그의 공헌은 많은 사람들로 하여금 비버가 아니라 언어에 대해 진지하게 생각하게 만든 것이다. 누군가는 '정말? 홍적세를 살아낸 우리 선조들은 말하기 전까지는 생각도 못했나?'라고 물을지도 모른다.

이런 식으로 생각해보면 꽤 이상하게 들릴 수도 있지만, 이것이 바로 내가 여기서 꼭 언급하고 싶은 것일 뿐만 아니라, 이어지는 강연에서 몇 번이고 반복해서 언급되는 것이기도 하다. 사회적 실천은 언어에 관한 명제들의 집합뿐만 아니라 '공상'과 '상상'을 구별하기 위한 장치이기도 하다.

로티가 이 용어들을 정의한 것처럼, "동료들의 논란을 불러일으키지 않고 활용되는 참신성과 그 반대인 참신성"의 문제이기도 하다. 이것은 인간의 역사 전개에서 중대한 구분이며, "우리가 전유할 수 없고 활용할 수 없는 참신성을 가진 사람을 '어리석다foolish' 혹은 '미쳤다insane'라고 말한다. 이러한 사람들의 아이디어는 우리가 천재적이라고 일컬을 때 비로소 유용하다는 인상을 주기" 때문이다. 로티의 주장에서 으르렁거리는 자의 소리가 다른 동료의 같은 소리를 합리적으로 승인하거나 비판하는 것이 중요한 이유도 여기에 있고, 로티가 으르렁거림의 상호주관적 과정을 보여주기 위해 '합리성', '사고', '인지', '언어'라는 단어를 유지하고자 한 이유도 바로 여기에 있다.

하이데거 세미나에서 로티가 **아이러니스트는 모든 언어가 우연적이라는 점을 인식한 사람**이라고 우리에게 이야기했을 때, 한 학생이 언어에 대해 일견 제한적이고 배타적인 정의를 고수하는 이유를 물었다. 고래와 돌고래도 서로를 부르지 않나요? 고릴라와 침팬지도 신호하는 법을 배울 수 있지 않나요? 나는 『자미가 아는 삶Life as Jamie Knows It』이라는 책에서 내가 쓴 것과 같이, 거기에는 발견이 없지 않느냐고 말하고 싶었다. 이는 동물의 인지를 탐구해 온 역사 속에서 '우리가 생각한 것보다는 덜 똑똑한 동물들'이라는 말로 요약될 수 있다.

하지만 연구 결과들은 완전히 다른 쪽으로 흘러가고 있다. 도구를 사용하는 문어들과 까마귀들은 이기적으로 행동하는 개체에 대한 처벌에 참여할 수 있다. 그러나 로티는 이를 받아들이지 않았다. 그도 그럴 것이 동물들은 자연발생적인 행위를 하지만 이 행위들을 '언어'라고 칭하기 위해서는 미끄럽게 경사진 길을 타고 아래로 내

119
제자의 편지

려가야 하기 때문이다. 로티는 우리가 이 경삿길을 타게 되면 고등한 포유류에게 고유한 언어가 있다고 믿는 것에서 시작해서, 한 방향으로 서 있는 소들과 꽃가루의 위치를 알리는 벌들과 가짜 발을 가진 아메바에게도 언어가 있다는 결론에 이른다고 주장했다. 이 주장은 첫 번째 강의 중반쯤에 분명히 드러난다.

이러한 시각에서 대화의 주고받음이 있기 전에는 개념이나 믿음, 지식이 있을 수 없다. 왜냐하면 개가 자신의 주인을 안다고, 혹은 아기가 자신의 엄마를 안다고 말하는 것은 자물쇠가 자신에게 맞는 열쇠가 꽂혔을 때 안다거나 컴퓨터가 정확한 암호가 기입되었을 때 안다고 말하는 것과 같기 때문이다. 개구리의 눈이 개구리의 뇌에 무언가를 말한다고 하는 것은 나사 조이개가 나사에 무언가를 말한다고 하는 것과 같다. 기계 장치와 범주적으로 다른 무언가와 기계 장치 사이의 구분선은 유기체가 사회적 실천을 발달시킬 때 생긴다. 단어의 사용과 같은 이 사회적 실천은, 유기체가 사물을 대안적으로 기술할 때 관련되는 장단점을 고찰하는 것을 가능하게 한다. 우리가 어떤 단어가 주어진 상황을 가장 잘 기술하는지 여부를 논의할 수 있을 때가 바로 기계 장치가 멈추고 자유가 시작하는 지점이다. 지식과 자유는 함께 시작한다.

"언어는 하나의 언어이다A language is a language." 나는 로티가 30년도 더 전에 했던 이 말을 떠올린다. "당신이 하나의 단어 혹은 하나의 몸짓으로 '아니야, 여기서 이러면 안 돼'라고 답한다면 그때 당신은 말할 수 있는 것이다." 그리고 이 주장은 이 책의 두 번째 강의 후반부를 향해 가면서 분명히 드러난다.

동물의 소리가 인간의 언어가 된다는 브랜덤의 주장이 사피엔스라는 종의 구체적인 예가 되기 위해서는 일련의 소리들이 사회적 규범에 의거해서 명확히 비판할 수 있는 것이 되어야 한다. 유기체들이 자신들이 잘못된 소리를 만들어 왔다는 것을 서로에게 말하기 시작할 때 언어가 순조롭게 시작된다. 즉, 누군가가 이러한 상황에 맞춰 만들기로 한 소리가 아니라는 것을 말할 수 있어야 한다는 것이다. 유기체들이 무언가를 말하거나 행하는 조악한 이유들을 서로에게 댈 수 있을 때, 언어는 충분한 궤도에 오르게 된다.

– 이 책의 54-55쪽

비버들은 댐을 만들 때 더 나은 방식으로 또는 더 조악한 방식으로 하기로 숙고하지 않기 때문에 로티의 의미에서 보면 언어를 사용하는 것이 아니고, '사고'하는 것도 아니다. 물론, 우리 인간들 중 누군가는 로티에게 매번 "사유와 언어를 동의어로 생각하는 것은 뭔가 잘못된 거 아니야?"라고 말하면서 불편해할지도 모른다. 그럼 아마 로티는 이렇게 심드렁하게 대답할 것이다. "그럴 수도 있지. 그럼 부디 당신의 언어 외적 사고를 내게 말해 보시지."

사실 하이데거 세미나 도중에 로티가 나에게 이렇게 해보라고 했었다. 나는 바로 그 핵심을 이해할 수 있었다. 여기에는 비트겐슈타인이 주장한 사적 언어 논증에 대한 반향과 데이비드슨이 주장한 '언어가 **나의** 언어로 번역될 수 있는 한 언어는 언어일 수 있다.'는 주장이 담겨 있다. 다른 글에서 로티는 이러한 반향을 명시했고, 이 책에서는 인간들 사이에서의 의견의 일치와 불일치, 어떤 일을 하기 위해서 무력 대신에 설득을 사용하는 것 등을 강조했다. 결론적으로 이러한 강조는 로티가 하고자 했던 연구의 핵심을 이룬다.

로티 생애 마지막 해에 출판된 에세이인 『프래그머티즘과 낭만주의』(이 에세이는 그 제목이 의미하는 바를 넘어서, 이 책의 세 번째 강연의 분위기를 물씬 풍기기도 한다.)에서 로티는 낭만주의와 마찬가지로 프래그머티즘이 희망을 견지하는 수단의 역할을 할지도 모른다는 견해를 제시하면서 끝맺는다. 즉 우리가, 또 우리만이 더 인간적이면서 새로운 방식으로 살기를 꿈꿀 책임이 있다는 점을 깨닫게 되는 그런 희망 말이다.

만일 프래그머티즘이 어떤 중요성이라도 가진다면, 즉 결국 실천에 있어서 프래그머티즘과 플라톤주의 사이에 어떤 차이점이라도 있다면, 프래그머티즘이 플라톤주의가 오해한 무언가를 바로잡았기 때문이 아니라 프래그머티스트의 시야를 수용함으로써 보다 나은 쪽으로 문화적 환경을 변화시켰기 때문이다. 실재에 대한 비언어적 접근 욕망을, 신을 직접 보는 경험을 통한 구원만큼이나 가망 없는 것으로 생각하게 된다면 세속화 과정을 완성시킬 수 있을 것이다. 우리의 유한함을 인정하는 추가적인 단계를 밟는다면 "신적인 모든 것deities은 인간의 가슴에 깃들어 있다."라는 블레이크의 격언에 새로운 울림을 줄 수 있을 것이다.

－『프래그머티즘과 낭만주의』

감정을 실어 다시 말하자면, 로티는 프래그머티즘의 세계에 동참하고 세속화 과정을 완성하자고 우리를 초대하면서 철학적 갈등을 잦아들게 만든다. 그러나 우리가 프래그머티즘을 수용하게 되었을 때 어떤 일이 일어나는가에 관한 체계적 설명은 다음과 같은 의문을 불러일으킨다. 세속화 과정은 어떻게 완성될 수 있는가? 우리는 인간의 사고와 역사를 종착점이 있는 것으로 생각하지 않아야 하는 것 아닌가?

나는 이 에세이 초반부에 로티가 어떻게 논증의 틀을 짜는가에 관해 무언가를 말하겠다고 했었다. 그 논증들이 보통 사람의 상식의 일부가 되기만 한다면, 우리는 그 진가를 알아보게 될 것이다. 철학자 홀보John Holbo가 학술 블로그 사이트인 '구부러진 목재Crooked Timber'에서 쓴 글에 이러한 장치가 언급된 적이 있다. 그는 거기서 로티의 장치를 '미리 선수 치는 소급 적용식 수사법'이라고 표현한다.

로티는 정치에 관한 당신의 생각을 바꾸고자 한다. 어떻게 그렇게 하는가? 로티는 당신에게 어떤 특정한 방식으로 생각하지 않아야 할 이유를 제시하면서 그렇게 하지 않는다. 오히려 그는 '우리가' 더 이상 이런 방식으로 생각하지 않을 때 생기는 미래의 '희망적인' 가능성을 고려해보라고 당신을 초대한다. 즉, 그는 그가 동의하지 않는 부류의 사람들이 자신들의 패러다임을 바꾼다면, 그래서 로티가 보기에 별로 유용하지 않은 생각들이 '더 이상 그들에게 일어나지 않는' 그런 때를 가설적으로 상상하는 것이다.

나는 이 말이 맞는 것 같다. 나는 '철학 이후의 사회'에 대해 로티가 쓴 호소문을 여럿 읽었고, 그 글은 사실상 '어서 오세요, 철학 이후의 물은 깨끗할 겁니다.'라고 말하는 듯 했다. 그러나 이 말은 아마도 이런 것들이 어떤 종류의 발화행위인지에 관한 암시를 담고 있는 것으로 받아들일 필요가 있다. 언어와 사고, 인지는 설득에서, 즉 이유를 제시하는 것에서 시작되었을 테지만 "우리는 현상과 실재 사이의 구분을 없애기 위해 최선을 다해야 한다."에서 "만일 우리가 그렇게 한다면 우리는 인간의 마음이나 인간의 언어가 실재를 정확하게 표상할 수 있는가에 관해 더 이상 궁금해 할 필요가 없다."로 넘어갈 때 로티는 명확한 설득에서 암묵적인 초대로 넘어간다. 내가 보기에 이는 딱 알맞게 신중하고 조심스러운 자세다.

이 초대가 확신에 가득 차 있는 것이 아니라는 점을 깨닫기만 하면 된다. 즉, 이 초대는 미래에 대한 비전보다는 현재에 관한 제안을 포함하고 있다는 점을 깨닫기만 하면 되는 것이다. 「프래그머티즘의 결과들Conspuences of Pragmatism」이라는 논문의 결론부에서 로티는 다음과 같이 쓴다.

따라서 진리에 관한 프래그머티스트의 시각이 참인가 아닌가에 관한 물음은 비록 유용한 주제는 아니지만 철학 이후의 문화가 시도해 봄직한 일에 관한 물음이라고 할 수 있다. 이는 '참'이라는 단어가 의미하는 것에 관한 물음이 아니고, 철학에 적합한 언어의 요건에 관한 물음도 아니며, 세계가 '우리의 마음과 독립적으로 존재하는가'에 관한 물음도 아니고 우리가 문화에 대해 가지는 직관들이 프래그머티스트의 구호 안에 포함되는가의 물음도 아니다. 프래그머티스트와 그 적수들 사이의 쟁점이 그 범위가 좁혀져서 양쪽 모두가 동의할 만한 기준에 따라 문제가 풀리는 그런 방안은 없을 것이다. 이 문제는 모두에게 다 같이 가능성이 열려 있는 그런 쟁점 가운데 하나이다. 이런 쟁점에 있어서 '사실 자료'에 관한 혹은 문제를 결정하는 것으로 간주되는 것에 관한 합의점을 찾아봐도 소용이 없다. 그러나 까다로운 쟁점을 가졌다는 점이 이 쟁점을 한쪽으로 제쳐둘 이유가 될 수는 없다. 종교와 세속주의 사이의 쟁점은 까다롭기 그지없었지만, 그런 만큼 결정이 내려졌다는 것이 중요했다.

－「프래그머티즘의 결과들」

위의 마지막 문장이 내가 계속 걸려 넘어져 있는 바로 그 문장이다. 나는 철학 이후의 문화, 즉 더 나은, 더 온건한 삶을 위한 방안을 고안하는 기획에 몰두하는 세속적 세계에 살고 싶다. 내가 『지미가 아는 삶』이라는 책의 후반부에 언급한 것처럼, 장애가 있는 사람을 환영하고 친절하게 대하는 그런 사회는 그렇지 않은 사회보다 더 나을 것이라고 생각하기 때문이다.

이는 좋은 사회를 판가름할 유일한 기준은 아니지만 중요한 기준이기는 하다. 또, 진리에 대한 어떤 초월적이거나 초역사적 관념에 호소하지 않고도 이 기준이 옳다고 믿으면서 권장할 수 있을 것이다. 그렇지만 철학적 실재주의자와 프래그머티스트 사이의 논쟁이 종교와 세속주의 사이의 논쟁으로 이해될 수 있는가에 관해서는 확신이 서지 않는다. 종교와 세속주의 사이의 논쟁에 대해 '결정이 내려졌다'라고 말할 수 있는지 확실하지 않기 때문이다. 결정되었기를 바라기도 하고 또 로티가 주장한 대로 그 결정이 이미 지나갔기를 바라긴 하지만, 이 말들을 쓰고 있는 지금도 이에 대한 평결은 아직

내려지지 않았고 우리 또한 세속적인 세계에서 살자는 초대에 응하기에는 아직 갈 길이 먼 것 같기 때문이다. 세속적인 세계는 아직도 많은 사람들이 별로 살고 싶어 하지 않는 세계이기 때문이기도 하다.

로티는 자신과 하이데거가 이것에 대해서만큼은 동의할 것임을 알고 있었다. 낭만주의 시인들은 세계를 세속화하는 데 크게 기여했으며, 나아가 우리 안에 내재된 인간의 내적 본질을 발견했다기보다는 인간이 되는 더 인간적이면서 새로운 방식을 제안했다. 그러나 로티 자신은 낭만주의 시인이 아니었다. 이 책의 강연들에서 확인할 수 있는 것처럼, 그는 쉘리의 「시를 위한 변호」가 '시'라는 단어의 전반적 확장을 통해 모든 형식의 혁신적인 사고를 망라하길 바랐지만, 공인되지 않은 입법자라는 타이틀은 단호하게 거부했을 것이다.

대신에 로티는 사람들에게 논증과 예시를 통해서, 더 이상 현상과 실재 사이의 구분에 대해 고민하지 않는 그런 온전히 세속적인 세계가 우리가 살기에 더 쾌적한 공간이라는 점을 설득하는 것으로 만족했을 것이다. 이것은 인간의 목적과 같은 것에 관해 주의깊게 생각하는 사람들에게는 신중한 목적이자 의심의 여지없이 적합한 목적일 것이며, 로티는 나름 타당한 이유를 바탕으로 우리에게 신중하게 의견을 전할 수 있는 방법에 대해 알려주고자 했다.

가족의 편지

메리 로티 | Mary V. Rorty

만일 철학이 시라면

나의 남편 리처드 로티는 다독가였고, 시작한 일을 꾸준히 지속하는 사람이었습니다.

남편이 간 길을 보면 시카고의 로버트 허친스대학교에서 전공을 시작한 이래로 철학에만 매진했는지에 관해 의심이 들기도 합니다. 왜냐하면 철학은, 그의 방대한 독서를 뒷받침할 수 있는 여타의 전공들 중에서 그 범위가 가장 제한적인 것 같기 때문입니다. 그러나 남편이 인간의 좋은 사유와 말을 수집하는 사람의 심정으로만 독서를 했던 것은 아닙니다. 그는 자신이 읽은 것이 우리의 시대, 우리의 현재에 어떤 함의를 주는가에 대해 지속적으로 주의를 기울이기도 했습니다. 또, 단어들이 중요하다는 점을 확신했고, 우리의 언어가 우리의 세계이며, 우리가 우리의 단어들로 세상을 바꿀 수 있다는 점을 확신했기에 독서와 저술을 멈추지 않았습니다.

남편이 자신의 글에 등장시킨 사람들의 책을 실제로 다 읽었는지, 그의 장서 여백에 흘려 쓴 주석들이 그가 그 사람들의 글에 얼마만큼 주의를 기울였는가를 보여주는지에 대해서 의문을 제기하는 사람은 없을 것으로 생각합니다. 그 저작들이 의미하는 바에 관한 남편의 해석이 논란의 여지가 없는지 여부를 떠나서 말입니다. 이 책에 나오는 세 번의 강의에서도 그 예를 들 수 있습니다. 첫 번째 강의에서는 27명, 세 번째 강의에서는 37명의 이름이 거론됩니다. 그리고 두 번째 강의에서는 42명의 쟁쟁한 인물들의 이름이 등장합니다. 물론, 거듭되는 강의에서 충격을 완화하는 방식으로 거론하며 각 강의에서 대개 같은 이름이 반복됩니다.

철학사에서 영웅과 악당을 나누는 그의 호탕한 구분법이 가지는 장점이자 그가 국제적 명성을 갖도록 일조하는 장점은, 당신이 퍼스Pierce와 듀이Dewey를 구분하는 방법이나 러셀Russell과 비트겐슈타인Wittgenstein의 차이점을 잘 알지 못한다고 하더라도, 후설Husserl과 하이데거Heidegger를 나누는 로티의 시각을 이해할 수 있으며 그가 어떤 방향으로 당신을 이끌고자 하는가에 관해 감을 잡을 수 있다는 것입니다. 일부 해설에 따르자면(로티의 해설일까요?) 그가 이끌고자 하는 방향은 미국의 프래그마티즘이라는 널찍한 천막입니다. 그는 이 천

막에 별 관심이 없는 여러 동시대인들을 이 안으로 끌어오고 싶어 했습니다.

제가 이 강의와 남편의 후기 저작을 접하면서 놀랐던 점은 철학을 문학의 한 형태인 소설로 보는 그의 시각입니다. 그는 철학을 일대기처럼 보기보다는 삶에 관한 아이디어로 봅니다. 시간이 경과함에 따라 개념들이 나선형으로 성장하고 변형되는 것을 추적하는 그런 소설 말입니다. 세 번째 강의에서 로티는 그러한 확신의 원천이 되는 헤겔의 말을 드러냅니다. "철학은 잘해봐야 시대 속의 사유일 뿐이다." 철학이 20세기 후반이라는 시대의 사유일 뿐이라는 것은 철학의 발단과 그에 따른 다양성을 인정하고 철학이 나아갈 발전 방향을 제안하는 것을 의미합니다. 너무 야심찬가요? 글쎄요. 너무 논쟁적인가요? 그러길 바랍니다. 결국 우리의 동료들의 저작을 읽고 그에 관한 글을 쓰게 하는 것이 바로 이런 의견 차이일 테니까요.

21세기 초에 로티가 버지니아대학교에서 했던 강의를 다시 접하는 것은 우리가 샬롯빌에서 함께 보낸 시간에 대한 유쾌한 기억을 떠올리게 합니다. 우리에게 샬롯빌은 큰 대학만이 줄 수 있는 예의 바름, 끈끈한 협력관계, 일종의 지적인 자극과 그에 따른 자유로 가득한 곳이었습니다. 제가 보기에, 1979년에 출간한 『자연의 거울Mirror of Nature』은 남편이 아끼는 동료와 친구들에게 놀라울 뿐만 아니라 꽤 당황스러운 파급효과를 미쳤습니다. 어떤 이유로 어떻게 그들은 이런 긴 여정을 개인적인 것으로 받아들이게 되었을까요?

1981년에 버지니아대학교로부터 받은 교수직 제안은 일종의 안정적인 정박지와 같았습니다. 그는 영문과 및 철학과 회의에 모두 갈 수 있었습니다(물론 둘 다 가지 않을 수도 있었지요). 영문과는 철학과에 미칠 영향력에 관해서 조금이라도 자신들의 탓이 생기는 것을 원치 않았으며 철학과도 마찬가지였습니다. 로티가 정말 좋아하는 사람 중의 하나인 영국 희극 작가 스테판 포터Stephen Potter(포터를 이기는 사람 은 우드하우스P. G. Wodehouse 정도일 겁니다)는 『게임전략의 이론과 실제The Theory and Practice of Gamesmanship』에서 현명한 사람은 한 개의 클럽이 아 니라 두 개의 클럽에 속할 것이라고 말합니다. 그렇게 함으로써 경 비대에 속할 때는 베레모를 쓰고 또 예술계에 속할 때는 챙이 넓은 모자를 쓰는 방식으로 "다른 클럽 안에서 다른 사람이 될 수 있기" 때문입니다. 학과의 경계를 넘나드는 대학 교수직은 종신 재직권이 생긴 이래로 가장 좋은 직책이 아닐까 합니다. 마찬가지로 그가 세 기의 전환기에 명예교수직 이후에 스탠퍼드대학교로 옮긴 것도 이 와 유사한 이점들을 남겼습니다.

가장 오랫동안 지속되었던 우리의 교우관계는 샬롯빌에서 살았 던 기간에 만들어졌습니다. 철학과와 여성학 연구진은 교수 부인들 이 연구에 참여하는 것을 무척 반겼고, 의과대학에서는 의료 윤리 분야의 명사를 초청하는 강좌를 열어서 철학자들이 그들의 이론에 실천적 경험을 더할 수 있도록 격려했습니다. 철학이 상아탑 속에서 학문을 추구하는 것이 아니라 가능한 한 여러 방식으로 세계에 참여 할 수 있고 참여해야 한다는 주장은 로티를 따르는 사람들에게 금과 옥조와도 같은 생각일 것입니다.

로티의 강연집 제목을 『철학은 시가 될 수 있을까 Philosophy as Poetry』로 지은 분명한 이유가 있습니다. 로티처럼 말 중심적 사고방식logocentric을 가진 사람에게 장르에 따라서 생각하는 것은 당연할 것입니다. 로티는 우리를 둘러싼 세계의 혼돈에 질서를 찾는(혹은 부과하는) 방식들을 대변하는 여타의 장르들인 물리학, 수학, 의학 중에서도 철학을 문학적 장르의 하나에 속하는 것으로 여겼습니다. 그렇게 함으로써 우리가 서로에게 그 질서에 관해 이야기할 수 있게 된다고 보았습니다. 그가 마지막으로 출간한 글은 『시Poetry』라는 잡지에 실린 '생명의 불꽃The Fire Of Life'입니다. 이 글에서는 시를 읽으면서 얻은 기쁨에 관해서 이야기하면서 자신을 좀 더 느긋하게 만들 수 있도록 시를 읽는데 더 많은 시간을 할애하고 싶다고 썼습니다. 만일 철학이 시라면, 그래서 당신이 사물을 서술하는 방식이 달라지게 된다면, 시는 또한 철학이라고 할 수 있을 것입니다.

옮긴이 후기

시인이자 철학자로서 시민,
로티의 사유를 따라가며 재구성하기

자신을 시인이자 철학자로 규정짓고자 했던 조선 선비와 선사의 문
화유전자는 지금 나에게서 어떤 모습을 하고 있을까? 조선 중기를
온몸으로 살아낸 남명조식이나 청허휴정의 시를 접할 기회가 늘어
나고 있는 요즈음, 자신들의 일상에서 각각 중심에 두었던 유교와
불교라는 사상이자 철학을 어떻게 해석하고 실천해왔을까를 상상해
보는 순간이 불현듯 다가오곤 한다.

　　물론 청허는 성균관에서 제대로 수학한 유자儒者이기도 했고, 남
명 또한 불교와 도교에도 정통한 개방적인 선비였다. 하늘에 이르는
도道에 있어서는 불교와 유교가 다를 바 없다고 당당히 선언하는 남
명을 만나면서, 어쩌면 조선 유학은 임진왜란이라는 극단적인 상황

과 만나면서 급속히 이데올로기로 전락할 수밖에 없는 운명을 맞게 된 것이 아닌가 하는 생각을 해본 적이 있다.

그들 이후 400여 년의 역사를 공유해오면서 우리는 한편으로 그런 전통들을 온전히 부정하며 '새롭고 산뜻한 역사'를 쓰기 위해 몸부림쳤다. 뒤늦게 서구 제국주의의 흐름에 올라탄 일본을 굴욕적으로 수용하고 새로운 강대국이 된 미국을 점령군의 형태로 받아들이면서 전개된 20세기의 우리 역사는 자신의 전통에 대한 혐오와 저주를 일상화하면서 '미국인보다 더 미국을 사랑'하고 '일본인은 절대 따라잡을 수 없는 무서운 사람들'이라고 공공연히 떠드는, 이른바 이 땅의 지식인들과 마주해야 하는 곤혹스러운 상황을 낳았다.

물론 그런 맹목적인 추종의 결과로 세계 10위권의 경제대국이자 군사력에서도 일본과 맞설 수 있는 수준의 외적 성공을 보장받을 수 있게 되기도 했다. 거기에 부마항쟁에서 광주, 서울로 이어지는 광장의 민주화에서 또 하나의 모형을 제시하는 데 성공하는 결과까지 마주할 수 있게 되었다.

문제는 지금부터다. 코로나19 바이러스의 세계적인 확산으로 인한 3년여에 걸친 고통을 조금씩 극복하거나 그것 자체에 익숙해지고 있는 2023년 여름, 우리는 두 가지 실존實存과 생존生存에 걸쳐 있는 과제와 만나고 있는 중이다. 하나는 오랜 시간 동안 한 국가를 모형으로 삼아 추종해왔던 역사를 더 이상 지속시킬 수 없는 상황과 마주하게 된 정신적 위기이고, 다른 하나는 기후 위기로 상징되는 성장의 한계를 더 이상 방치할 수 없다는 일상의 절박한 위기이다.

그런데 정작 더 심각한 위기는 그런 위기가 몸에 와 닿고 있는데도 우리들이 제대로 받아들이지 못하고 있는 지금 이 순간의 상황 자체인지 모른다. 여전히 미국은 그저 아름다운 나라일 뿐이고 혹시 모자란 부분이 있으면 '유럽 같은 선진국' 모형에서 조금씩 보충하면 된다고 주장하는 사람들이 이른바 진보지식인을 자처하고, 홍수와 가뭄, 미세먼지가 지속적으로 우리 일상을 위협하고 있음에도 여전히 화석연료를 태워야만 얻을 수 있는 작은 편리함을 결코 포기할 수 없다고 외치는 사람들이 우리 시민의 다수를 점하면서 극단적인 정쟁을 일삼고 있다.

어떻게 해야 하는 것일까? '땅에서 넘어진 자, 바로 그 땅을 딛고 일어서야 한다.'는 고려 선승 지눌의 충고를 우선 떠올려볼 만하다. 승과에 급제하고서 마주한 당시 고려불교의 상황에 절망할 수밖에 없었던 지눌은 '말법末法'의 시대라는 규정을 바탕으로 넘어진 그 땅을 '있는 그대로 알고 보는' 여실지견如實知見의 지혜를 발휘한다.

선禪과 교敎의 전통 모두 무너져 내려 더 이상 경전을 공부하지도 않고, 그렇다고 참선에 제대로 들지도 못하는 당시의 권승들과 의도적인 거리를 유지하기 위해 수도 개경에서 멀리 떨어진 지리산에 거처를 정하고 새로운 결사結社를 감행한다. 그러면서 함께 깨친 수행의 과정과 결과를 『수심결修心訣』로 남겨 우리에게 전해주고 있다. 그의 마음 다스리기는 혼란스러웠던 당시 고려의 정치 상황을 다잡는 지침으로 확장되었을 뿐만 아니라, 우리 정신사에 샘물 같은 수행 전통으로 남기도 했다.

리처드 로티라는 미국 철학자와 만나기

'자신이 넘어진 땅'을 정신 차리고 살펴보는 일부터 시작해야 한다는 지눌의 충고는 21세기 초반 한국 사회를 살아가고 있는 시민으로서 내게, 또 우리에게 어떤 구체적인 방향을 제시해줄 수 있을까? 우선 우리가 함께 살아가고 있는 방식을 관찰의 대상으로 삼아볼 만하다.

우리는 민주주의와 자본주의라는 이념을 바탕으로 형성된 일상을 살아가고 있고, 그 일상을 이끌어가는 전제는 개인의 자유와 권리, 돈으로 상징되는 사유재산에 근거한 소비와 쾌락 추구 등으로 요약될 수 있다. 그런 것들을 보장받기 위해 민주화와 산업화라는 세계사적 흐름에 적극적으로 동참했고, 상당한 수준에서 성공을 거두기도 했다.

그런데 다른 한편으로 그런 것들을 확보하기 위한 경쟁이 주로 대학입시로 몰리면서 우리 아이들을 유치원 때부터 입시지옥으로 내모는 데 조금씩 지쳐가고 있고, 자신들을 있는 그대로 바라보지 못한 채 상대적인 비교를 전제로 열등감과 우월감을 끊임없이 넘나들면서 불안한 일상을 겨우 유지하고 있다. 단군 이래로 가장 풍요로운 국가를 만들어내는 데 성공했음에도 사회 곳곳에 지옥을 만들어 서로를 괴롭히는 악순환을 거듭하고 있는 중인 것이다. 그 상대적인 비교에는 타자와의 비교는 물론 이제는 더 이상 존재하지 않는다는 증거가 명확해지고 있는 이른바 '선진국'을 향한 불공평하고 터무니없는 비교가 포함되어 있고, 그 중에서도 미국은 미군이라는 구체화된 힘과 내면의 정신적 표준으로 자리 잡아 우리를 무던히도 괴롭히고 있다.

내가 주로 관심을 가져온 교육학과 철학의 미국 편향성은 상상을 초월할 정도다. 그나마 철학은 일제강점기부터 시작된 독일철학에 대한 숭배의 흔적이 남아 있어 조금 나은 편이고, 교육학은 그 자체로 미국교육학이라고 해도 전혀 이상하지 않을 정도로 심각한 의존성을 보이고 있다.

그렇게 되는 데는 교육학계의 학문 권력을 주로 미국 유학파들이 장악하고 있고 국내파들의 경우에도 열등감을 더해 그 흐름을 추종하게 된 아픈 우리의 현대사가 자리하고 있다. 철학의 경우도 이른바 분석철학과 심리철학이 주류를 형성하면서, 동양철학까지도 미국 유학파가 주요 대학 동양철학 교수 자리를 독점하는 양상으로까지 전개되고 있다. 미국철학의 관점에서 소통이 가능한 동양철학만이 겨우 철학으로 대접받는 상황에서 비롯된 비극이다.

철학과 교육학의 미국 편향성은 우리가 처한 상황을 있는 그대로 바라보지 못하게 만드는 가장 중요한 원인이 되고 있다. 미국의 특수한 상황에 기반하여 마련된 교육학과 철학을 최소한의 비판적 검토 작업조차 생략한 채 그대로 수입해서 교육 현장이나 학문적 논의의 장에 도입하고자 했던 반세기 이상의 문화 식민지 상황은 이제 너무 당연하다. 문제를 제기하는 사람이 이상하게 보일 정도로 악화되어 있다. 어떤 철학이나 사상도 그 뿌리를 이루는 시대적 상황과 구조적

배경을 전제로 하지 않으면 제대로 이해될 수 없다는 당연한 사실을 떠올려보면, 참으로 어이없는 지경이라고 하지 않을 수 없다.

이런 비극적 상황을 있는 그대로 마주하면서 극복할 수 있는 길을 모색하기 위해서는 최소한 두 가지 노력이 필요하다. 하나는 우리가 처한 상황과 일정한 거리를 유지하면서 그 상황 자체를 관찰의 대상으로 삼아보고자 하는 노력이고, 다른 하나는 지금까지 우리가 무분별하게 수입해서 무작정 적용하려고 했다가 실패한 것들을 있는 그대로 바라보고자 하는 학문적 노력이다.

당연히 이 두 노력은 서로 연계되어야 하고, 실제로 공부의 과정에서 긍정적으로 얽힐 수밖에 없는 지점이기도 하다. 우리에게 익숙한 듀이J. Dewey나 브루너J. Bruner 같은 미국 교육학자와 함께, 미국철학의 주류라는 평가를 받는 프래그머티즘을 상징하는 제임스W. James 등을 그들의 배경과 관점에서 제대로 살피고자 하는 노력은 곧바로 지금 우리 교육과 철학을 둘러싸고 벌어지고 있는 비극적 상황을 있는 그대로 바라볼 수 있게 하는 출발점이 된다.

이런 노력들은 역사적 전개에 따라 해볼 수도 있지만, 역순으로 우리와 가까운 시대를 산 학자를 중심으로 하여 그들로 거슬러 올라가는 노력을 해보는 것도 유용하다. 어쩌면 우리 삶과의 근접성에서 최근의 학자와 이론이 유리할 수 있기 때문이다. 역사가 짧은 미국철학이라고 해도 한마디로 요약하기에는 어려움이 있지만, 대체로는 20세기 초중반의 프래그머티즘과 중반 이후 분석철학 및 심리철학으로 요약하는 일이 불가능하지는 않다. 이 두 조류는 서로를 상당 부분 극복하고자 하는 요소를 지니고 있고, 그 중에서도 미국적인 특성을 잘 보여준다고 평가받는 것은 프래그머티즘이다.

우리에게 '실용주의實用主義'라는, 오해할 만한 번역어로 수입되었고 특히 철학자이자 교육학자로 과장되어 소개된 존 듀이로 인해 필요 이상의 영향력을 지금까지도 행사하고 있는 이 철학적 조류는, 신생국 미국이라는 나라의 전체적인 지향을 보여주는데서 상징적인 위상을 점하고 있다. 그들은 영국으로 상징되는 유럽의 전통을 새로운 상황에 맞게 부정하거나 재구성하는 방식으로 나라를 운영하고자 했고, 그 결과는 경제대국이자 군사대국이라는 위상과 총기와 마약이 일상 속으로 파고든 병든 나라라는 위상으로 동시에 나타나고 있다.

20세기 중반 이후 활발한 활동을 벌이다가 2007년 세상을 떠난 미국철학자 리처드 로티는 그런 미국 프래그머티즘을 대표하는 철학자 중 하나로 손꼽히고 있다. 그는 프래그머티즘의 입장에 서서 전통적인 서양 형이상학은 물론 분석철학까지도 극복하고자 하는 적극적인 노력을 했고, 상당 부분 성공을 거뒀다는 것이 세계 철학계의 일반적인 평가다. 우리 철학계는 물론 지성계에도 그의 대표 저서로 알려진 『우연, 아이러니, 연대』(김동식 외 옮김, 사월의 책, 2020)가 소개되어 일정한 반향을 일으키기도 했지만, 분석철학과 심리철학의 입김이 여전히 작용하고 있어서인지 그 이상의 지속적인 주목을 받지는 못하고 있다.

함께 번역하고 있는 이 책 『철학은 시가 될 수 있을까 Philosophy as Poetry』

와의 만남에 앞서, 도덕교육과 윤리학에 관심을 갖고 있는 우리에게 먼저 다가온 것은 『오늘을 위한 윤리학: 철학과 종교의 공통 기반 찾기An Ethics for Today: Finding Common Ground Between Philosophy and Religion, 2011』였다.

한 편의 강연문을 모아놓은 이 책에서 로티는 "도덕적 이상의 유일한 원천은 우리 자신의 실존에 근거하는 인간의 상상력이다."(8쪽)라는 명제를 근간으로 삼아, 종교와 철학의 공통적 기반을 찾아 제시하려고 노력하고 있다.

강연 후에 진행된 질의응답 과정에서 그는 자신을 상대주의자로 소개하면서 "나 같은 상대주의자에게 상대주의와 근본주의 사이의 충돌은 인간의 상상력이 만들어낸 두 위대한 산물들의 충돌로 받아들여진다."(17쪽)는 입장을 분명히 하고 있다. 우리 자신의 실존에 근거하는 상상력이 철학의 근간이고, 그런 관점에서 이성을 근간으로 삼아 초월적인 이데아를 끝없이 추구해온 플라톤 전통의 철학 또한 기껏해야 그 상상력의 또 다른 산물일 수밖에 없다는 것이다.

시인으로서 철학자

서양철학을 플라톤에 대한 각주라고 주장하는 철학자가 있을 정도로 서양철학에서 플라톤의 위상은 그가 높이고자 했던 소크라테스의 그것과 함께 절대적이라고 할 만하다. 20세기 이후 자신들의 철학 전통을 제대로 계승해내는 데 실패한 동아시아 국가들에서도 이 현상은 오히려 더 강화되어 나타났고, 우리가 바로 그 전형적인 경우에 속한다. 19세기 중반 메이지 유신 이후 일본 지식인 니시 아마네에 의해 '철학'이라는 번역어를 얻은 필로소피philosophy는 21세기 초반 현재 우리에게서 보편성을 온전히 인정받는 철학 그 자체로 자리하면서 전통사상까지도 통과하지 않으면 안 되는 거름망 역할을 하고 있다. 그 결과 불교나 유교를 전공한다고 하는 사람들이 끊임없이 자신들이 하는 일도 철학이라고 강변해야 하는 압박감을 느끼게 되었을 정도다.

플라톤과 소크라테스로 거슬러 올라가는 철학은 이데아라는 확실하고 온전한 이상향을 전제로 하는 헤아림과 실천으로써 이성理性, reason을 전제로 성립하는 것으로 받아들여지고 있다. 이 과정에서 끊임없이 등장해서 확실성의 추구를 방해하는 감정이나 상상력은 지속적인 경계의 대상이 되고, 바로 그 관점에서 플라톤은 자신의 왕국에서 시인詩人은 추방의 대상이 될 수밖에 없다고 주장해야 했다. 시인은 자신의 일상을 엄밀한 이성을 중심으로 펼쳐가기보다는 온몸으로 느낄 수 있는 실존의 구비를 중심으로 살아갈 가능성이 높은 사람이다. 물론 그에게서도 합리적인 판단과 실천이 필요한 지점이 있으면 그렇게 할 테지만, 만약 그것만으로 살아가면서 시를 쓰고자 한다면 필경 제대로 된 시를 써내지는 못한 채 시인으로써의 정체성을 조만간 잃고 말 것임에 틀림없다.

이 글의 초입부에서 잠시 소환하고자 했던 선비와 선사들 또한 자신의 삶을 통해 진리[道]가 구현되기를 꿈꾸었다는 점에서는 일치하는 역사적 인물들이다. 그런데 선비들이 이상향으로 생각했던 공자는 그 도의 구현을 시[詩]에서 시작하는 것으로 전제하고 있고 예[禮]로써 몸가짐을 바로 한 후에는 다시 예술[樂]로 완성해야만 온전히 달성할 수 있다고 강조했음을 상기할 필요가 있다.

선사들이 스스로의 삶에서 구현하고자 했던 붓다 또한 일상의 가르침을 게송이라는 시의 형식을 빌려 리듬감 있게 펼쳤던 사람이다. 그런 전통 속에서 선사와 선비의 삶 속에 시가 자연스럽게 포함될 수 있었고, 결과적으로 그들은 플라톤의 바람과는 상반되는 '철학자이자 시인'이 될 수 있었다. 조선을 상징하는 선비인 퇴계와 남명, 율곡이 모두 시인들이었고, 상징적인 선사들인 휴정과 성철이 자신들의 가르침을 시의 형식을 빌려 표현하는 데 아무런 거리낌이 없는 시인들일 수 있었다.

미국철학자 로티는 조금 다른 맥락에서 그 시인이자 철학자로서의 삶을 불러내고자 한다. 그는 우리가 우연히 주어진 시간과 공간 속에서 각자의 느낌과 열망을 바탕으로 움직이고, 그 움직임은 다시 어우러져 살 수밖에 없는 인간의 운명으로 인해 '사회적 실천social practices'으로 연결된다고 말한다.

그 과정에서 우리가 이미 하고 있거나 하고자 할 수 있는 일은 이성에 근거한 엄밀한 계획 세우기와 치밀한 실천이 아니라 상상력에 근거한 자연스러운 노력이라는 것이다. 그가 서구적 의미의 이성을 특히 경계하는 이유는 특정한 믿음을 전제로 하지 않으면 검증이 불가능한 이데아나 절대정신, 유일신 등의 그림자가 그 안에 포함되어 있기 때문이다. 그런 것들에 괄호를 치고 나서도 우리는 충분히 상상력을 발휘해서 더 나은 삶을 그릴 수 있고, 또 그 삶으로 나아가기 위한 사회적 실천을 할 수 있다는 것이다. 바로 이런 지향을 가진 철학이 프래그머티즘이고, 그런 방향으로 가기 위해서 이미 충분히 오염된 보편주의적 위엄이나 절대주의를 버리고 기꺼이 상대주의자가 되고자 함을 이 세 편의 강의를 통해 일관되게 잘 밝히고 있다.

로티의 관점을 지지하는지의 여부와는 별도로, 이성에서 언어로의 전회를 감행하면서 전문화된 학문 분과로서의 위상을 적극적으로 확보하고자 했던 서양철학 중심의 철학이 처한 비극적인 상황을 외면하기는 어렵다. 일반 시민들 사이에서 철학을 향한 열망이 지속적으로 확산되고 있는 것과는 반대로, 우리 대학의 철학과와 철학교수들이 생산해 내는 전문적인 철학 논문들은 점점 더 고립되고 있다. 전문화의 이름으로 특정 형태의 글쓰기만을 올바른 것으로 강변하는 철학계의 학술논문은 같은 철학계 타 전공자들의 접근조차 가로막는 경향이 심각한 수준이다. 이런 비극이 왜 지속되고 있는지에 대한 객관적인 성찰과 철저한 반성이 전제되지 않는 한 상황은 더 악화되는 방향으로 전개될 것이 분명하다.

로티라는, 이미 세상을 떠난 미국철학자의 제안은 일차적으로 생존과 실존의 중첩된 위기 상황 속에서 신음하고 있는 미국인들을 향한 애정어린 충고일 것이다. 시대착오적인 인종차별과 거의 매일 총기사고를 경험하면서도 좀처럼 통과시키지 못하는 총기 금지법, 그 와중에서 소비를 통한 쾌락 추구 이외의 삶의 의미에 관한 열망을 놓아버린 듯한 21세기 초반 미국인들의 삶은 더 이상 우리의 이상일 수 없음을 충분히 자각할 수 있게 되었다.

그 한복판인 뉴욕에서 태어나 평생을 미국인이라는, 때로 부끄럽기도 했을 정체성을 버릴 수 없었을 철학자 로티는 그래도 그 고통과 정면으로 마주하는 용기를 보여준 사람이다. 그 고통의 배후에 숨어 있는 이성이라는 이름의 허위의식을 떨쳐버리고, 바로 지금 내 삶의 중심에 서서 현실을 직시하면서 조금이라도 더 나은 삶을 연대를 통해 모색해가야 하지 않느냐고 외치는 목소리가 들려오는 듯하다. 그런 과정에는 당연히 이데아로 상징되는 그리스철학의 이성과 절대자로 상징되는 그리스도교 신학의 이성화된 신을 극복하는 노력이 포함될 수밖에 없고, 로티는 삶이 끝나는 지점까지 그 노력을 포기하지 않은 진정한 철학자 중 하나였다는 평가를 받을 만하다.

그러면서 그가 제안하는 명제가 우리 번역서의 원제인 '시로서의 철학'이고, 다른 말로 하면 '시인으로서 철학자'이다. 우리는 그 명제를 선사禪師와 선비[士]라는, 안쓰럽게 겨우 그림자를 남기고 있는 우리 전통을 바탕으로 '시인이자 철학자로서 시민'이라는 명제로 재구성해낼 수 있지 않을까 하는 바람을 조심스럽게 가져본다.

옮긴이를 대표하여 | **박 병 기** 드림

철학은 시가 될 수 있을까

리처드 로티 강의록

초판 발행	2023년 8월 30일
초판 2쇄	2025년 1월 15일
지 은 이	리처드 로티
옮 긴 이	박병기, 김은미
펴 낸 이	김성배
펴 낸 곳	도서출판 씨아이알
책임편집	이진덕, 신은미
디 자 인	송성용, 최하정, 엄해정
제작책임	김문갑
등록번호	제2-3285호
등 록 일	2001년 3월 19일
주　　소	(04626) 서울특별시 중구 필동로8길 43(예장동 1-151)
전화번호	02-2275-8603(대표)
팩스번호	02-2265-9394
홈페이지	www.circom.co.kr
I S B N	979-11-6856-148-9 (93100)
정　　가	13,000원